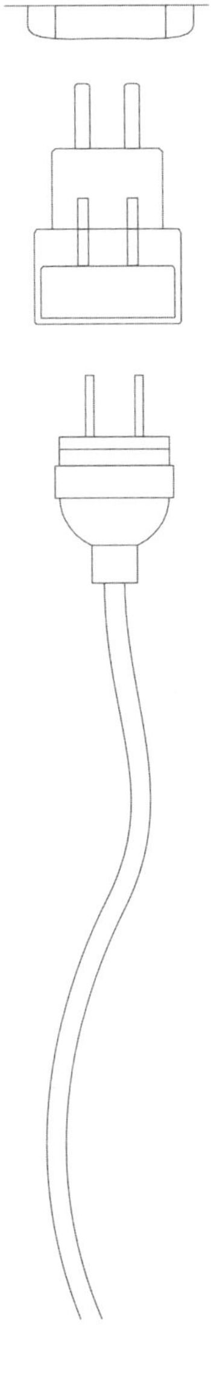

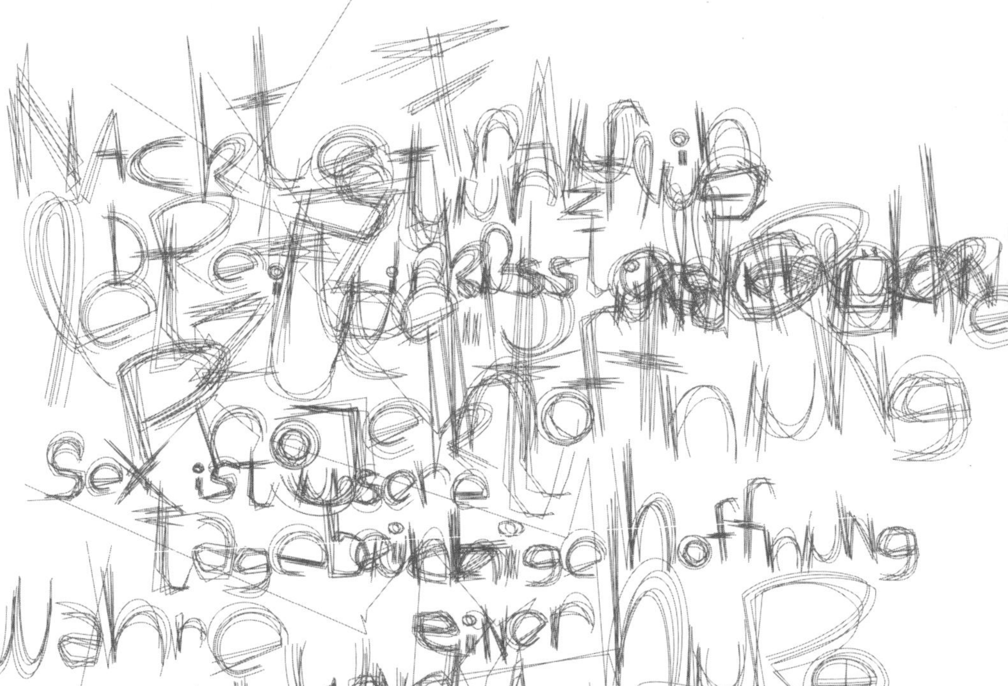

Herausgeber und Verleger:
Kulturinitiative Kürbis Wies
Erstausgabe 2005
Gestaltung: alex.partl@aon.at
edition kürbis
A-8551 Wies
www.kuerbis.at
ISBN 3-900965- 27-7

SEX

Volume II

GEFÖRDERT VON

BUNDESKANZLERAMT KUNST

MARTIN AMANSHAUSER

Sex ist unsere einzige Hoffnung

Gehören Sie zu denen, die sonntags die gefladerte *Kronen Zeitung* bereits im Stiegenhaus aufblättern und mit unruhigem Lidschlag die Sexkolumne von Gerti Senger überfliegen? Ich schon.

Ich frage mich manchmal, wieso ich zu denen gehöre. Regen mich die Sengerartikel an? Nein. Erhöhen die Sengerartikel meinen unmittelbaren sexuellen Befriedigungsstand? Niemals. Hat sich meine Sexualität durch Lektüre der Sengerartikel tendenziell zum Positiven entwickelt? Keineswegs. Meine Neugier ist viel grundlegender. Ich schau halt einfach, was es Neues gibt beim Sex. Gesetzt den Fall, es gäbe beim Sex tatsächlich Neues, wie hoch wäre die Wahrscheinlichkeit, es in einem Sengerartikel zu finden? Vermutlich wäre sie relativ gering.

Wieso sind mir die Sengerartikel wichtiger als Cato, Rapid Wien und das Vermächtnis der Kräuterpfarrers? Bei der Analyse seiner persönlichen Begierden, Gelüste und Bedürfnisse gilt es, mit besonderer Skepsis vorzugehen. Deshalb muss ich in diesem Zusammenhang auch den Gedanken zulassen, ich sei unter Umständen eine geschmacklose Sau und fände die Illustrationen der Sengerartikel erotisch, also jene Gemälde der weitgehend talentfreien Kunstmalerin Dina Larot, die Frauen in

Strapsen und Strumpfbändern darstellt? Nein, wenn ich mir das näher überlege, kann ich es ausschließen ... eine derart geschmacklose Sau bin ich dann doch nicht.
Ich glaube, mein Drang nach den Sengerartikeln lässt sich darauf zurückführen, dass Sex unsere einzige Hoffnung ist. Sex ist niemandem je völlig gleichgültig. Deshalb sammeln wir lebenslang Informationen zum Thema. Ohne Sex würde es keine Kunst geben, kein Fernsehen, kein Internet, keine Sex-Anthologien. Ohne Sex müsste ich nichts in meinem Leben sublimieren und Sie würden daher keines dieser Wörter lesen! Ohne Sex würden Sie gar nichts lesen. Nichts hören, kaum etwas schmecken, keine Gerüche wahrnehmen. Sie würden mit ausdruckslosem Gesicht auf die weiße Wand starren. Irgendetwas in Ihrem Leben würde fehlen. So sehr sie grübelten, sie kämen nicht drauf, was fehlte.

Ein Leben ohne Sex dauert unter Umständen sehr lange. Während sich dieses Leben mühsam dahinzieht, Wochen, Monate, Jahre, würden Sie grübeln, grübeln, grübeln.

Eines Tages, knapp vor dem Ende, hätten sie eine beträchtliche Anzahl von Kindern, Enkeln, Urenkeln. Keiner von ihnen würde Sex kennen. Die Kinder würden von Störchen gebracht, und man würde die Störche *lieb* finden, obwohl es irgendwo auch ein paar Verbrecher gäbe, die den Störchen den Kragen umdrehen würden. Man hätte eine Riesenwut auf diese Verbrecher.

Ihre Welt ohne Sex wäre eine freundliche und reiche. Sie besäßen einen Swimmingpool, einen Hubschrauber, einen Gutschein für lebenslanges Gösser-Bier, aber irgendetwas würde Ihnen fehlen. Sie besäßen einen Schwanz und eine Möse, aber Sie wüssten mit diesen Körperteilen eben so wenig anzufangen wie mit Ihrem Ellbogen.

Sie wären bereits sehr alt, und im Alter wird man kindisch. Sie würden regredieren. Jeden Sonntag Vormittag würden Sie sich einen Labello in die Möse drücken oder Ihren Schwanz in eine Bohnensuppe hängen, nur versuchshalber, es würde Ihnen nichts bedeuten.

Sämtliche Bordelle und Sexshops wären längst von Billa übernommen worden! Lolo Ferrari wäre explodiert, Martin Humer implodiert! Alfons Haider wäre ratlos, Arabella Kiesbauer sprachlos! Thomas Klestil wäre plötzlich nicht mehr geschieden, nicht mehr verheiratet und erst recht nicht tot! Dem Papst könnte man bei der Ostermesse Präservative an die Ohren hängen wie Kirschen! Wenn ein Mensch einen anderen Menschen umarmen würde, dann klänge das so, wie wenn man zwei Teller übereinander stellt.

Die *Kronen Zeitung* würde sonntags keiner mehr fladern. Oder wahrscheinlich würden die Leute sie doch noch fladern, denn vermutlich würde es weiterhin Sonntagsständchen geben. Die Leute würden die *Kronen Zeitung* aber mit sehr griesgrämigen Gefühlen fladern, ohne die verschmitzte Begeisterung, die gerne bei diesem österreichischsten aller Diebstähle zu Tage tritt. Die Leute würden das Blatt aufblättern, und was spränge ihnen plötzlich entgegen? Qualitätsjournalismus.

Gerti Senger würde jeden Sonntag über Mode schreiben. Persönlich würde sie ein recht unbefriedigendes Leben führen, denn etwas in ihrer Welt würde fehlen. Mode, Mode, Mode, würde Gerti Senger denken ... ist die schreckliche Mode denn alles in diesem armseligen Leben? Sollte das schon alles gewesen sein? Gerti Senger würde nicht draufkommen, was fehlt.

Die Kunstmalerin Dina Larot hätte Selbstmord begangen, aus gebrochenem Herzen. Niemand hätte ihre eigensinnige, reizvolle und doch völlig fremde Kunst verstanden. Das hätte sie eines Tages begriffen, eine unerträgliche Erkenntnis für eine Künstlerin. Arme Dina Larot ... Schlaftabletten und Alkohol. Es geht manchmal so schnell!

Sonntags würde sich einiges ändern. Wolf Martin würde sanfte Blumengedichte schreiben, kein Wort mehr über schwule Aktivisten oder aktive Priester. Wo wäre der Hass geblieben? Gnam, Kindermann und Trost wären frei von jedem Sublimationsverdacht, man denke auch an Intellektuelle wie Mölzer und Nenning, denen die Kraft der Lenden bitter abgehen würde. Die Frische ihrer Hervorbringungen hätte einen traurigen Tiefpunkt erreicht. Es käme zu bizarren Situationen. Jeder einzelne Qualitätsjournalist würde nun sogar Sex praktizieren – allerdings nur in der Theorie, nur, wenn es Sex geben würde. Doch es würde ja keinen Sex mehr geben! Nicht einmal der Sportteil würde die routinemäßig vorgebrachten sexistischen Pinup-Artikel über Damentennis hervorbringen. Die wichtigsten Sportarten wären mittlerweile Faustball und Herrenschach, Damentennis hätte völlig an Reiz verloren. Die *Kronen Zeitung* würde überhaupt keine Reporter zu Damentennis schicken.

Im Stiegenhaus würde man sonntags in die fahle, totenblasse, reizlose *Kronen Zeitung* reinblättern und still über eine Rapid-Niederlage trauern, von der man in einer kleinen Spalte, unterhalb ausführlicher Berichte über Faustballsuperstars und Herrenschachmeister, informiert würde. *Es gibt so vü im Lebn, aber Rapid wirds immer gebn* – man würde vielleicht die Rapid-Hymne vor sich hin trällern, zum Trost, und dabei käme eine neue Nachdenklichkeit auf. Was bedeutet der Text der Rapid-Hymne, wenn man ihn näher betrachtet? *Es gibt so vü im Lebn, aber Rapid wirds immer gebn.*

Zuerst müssen wir uns bemühen, vom Verbindungswort aber abzusehen, das vermutlich suggerieren soll: Egal, was es im Leben gibt, Rapid gibt es ebenfalls. *Es gibt so vü im Lebn, aber Rapid wirds immer gebn.* Folgen wir dieser Argumentation, so gibt es im Leben unglaublich viel – und aufgrund dieser erstaunlichen Menge alles Existierenden bestehe laut der Hymne eine permanente Gefahr, dass ein Gut namens *Rapid* untergeht. Gegen diese Auffassung wendet sich die Hymne mit der nicht ganz lupenrein argumentierten Behauptung, Rapid werde es zwangsläufig immer geben.

Wie auch immer, das Problem würde woanders liegen, denn Rapid würde es durchaus weiterhin geben. Aber was gäbe es denn nicht mehr? Keiner der Menschen, die lustlos durch die Faustball- und Schachseiten der Kronen Zeitung blättern würden, würde ahnen, dass es Sex nicht mehr geben würde.

Irgendwo hinter sieben Bergen würden die Störche ficken und lutschen und vögeln und nageln und würden sich all die Strapse und Strumpfbänder der Dina Larot überziehen, Sex wäre ja ihre einzige Hoffnung, sie würden sich in die Storchfäustchen lachen und vielleicht zwischendurch einen Storchfäustchenfick machen und von Zeit zu Zeit ein Kind zu uns rüberbringen.

FRANZOBEL

Drei Zirkusstellungen

Die Domina

Weiber!, dachte Hörgas, lang hoit i's nimma aus. Er stopfte sich Dragee Keksi in den Mund und blätterte im österreichischen Kontaktmagazin. Wie es wohl wäre, einmal zu einer Domina zu gehen? Einen Moment lang faszinierte ihn dieser Gedanke, sah er sich gefesselt, aufgehängt wie ein Stück Nordtiroler Speck, von einer hübschen, ganz in Leder gekleideten Dame geschlagen und beschimpft, als ihn das Telephon aus diesen Folterkammerträumen riss.

Sonderbare Gegend. Kinder schoben eine Waschmaschine auf den Gehsteig, stopften Zeitungspapier in die Trommel, zündeten es an.
-Wos zum Rauchen, fragte ein Jugendlicher. A Tütn und du fliegst.
-Du fliegst a gleich, erwiderte Hörgas, trottete weiter und sah einen Straßenkehrer in oranger Montur, der in seinem Wägelchen lag und schlief, Besen und Schaufel fest umklammert, zwei Tetrapack Wein daneben, offensichtlich leer. Eine Pensionistin schleifte einen Hund, der so dick war, dass seine Beine kaum den Boden berührten, im selbstgestrickten Wollgeschirr herum. Raben am Himmel schrieen entsetzliche Schreie, als würden sie die Vogel-Apokalypse schauen. Oder einen Pornofilm? Die Häuser waren alle verkommen, ungeputzte Fenster, Schmutzkristalle standen auf den Gläsern, aufgeklebte Weihnachtssterne, graue Vorhänge dahinter, auf den Fensterbrettern Plastikblumen, Porzellanbambis

und Hunde, die je nach Luftfeuchtigkeit ihre Farbe änderten, blau, rosa oder violett.

Wie wahnsinnig rasten die Autos neben Hörgas her, und wäre er nicht von einer angeschmutzten Leitplanke geschützt gewesen, sie hätten ihn wohl überfahren, diese Schwertransporter aus Ungarn, Rumänien oder der Türkei.

-Tschuschen, fluchte Hörgas, und spuckte ihnen hinterher. Er beachtete die Hinweisschilder nicht, auf denen für Speditionen, Baumärkte, Samen Maier und Heizöl Pumhösl geworben wurde, achtete nur auf die Hausnummern. 123, 125, 127. Endlich hatte er sein Haus erreicht. Einstöckig, grau, aber wenigstens die Fenster waren neu, Internorm prangte darauf. Darin also residierte Madame Manuela, eine Internorm-Domina.

-Na Welt, holte Hörgas tief Luft.

Einen Augenblick zögerte er, fasste sich dann aber ein Herz, murmelte: gib ihr a Chance, klingelte und drückte gegen den Klingelknopf, woraufhin es in der Türe elektrisch surrte. Im Hausflur stand eine vollbeladene Wäschespinne, Arbeitschuhe lagen herum, eine Altpapiertonne. Hörgas sah eine weitere Tür mit der Aufschrift Madame Manuela, klopfte an, schob die angelehnte Tür auf, und stand in einer schleißig montieren Lutz-Möbelhaus-Garderobe, in der mehrere Gieswein-Hauspatschen standen. Geh schleich di, dachte Hörgas, beim Anblick der billigen Eichenfurnier an die Familie Putz. Ein Heimwerker zählt wohl nicht zu ihren Kunden.

-Du kommst spät, füllte plötzlich eine sonore Bassstimme alles aus.

-Der Verkehr, entschuldigte sich Hörgas.

-Du willst bestraft werden.

-Probieren mas halt, drehte sich Hörgas Richtung Stimme um und blickte in ein sonderbares, an einen Außerirdischen gemahnendes Wesen.

-Geh schleich di, kam ihm aus, als er diesen ganz in Gummi gehüllten Manuela-Menschen sah. Ein Ganzkörperkondom! Ein bisschen wie

ein Tiefseetaucher, nur dass im Schoß das Mundstück einer Gießkanne steckte. An den Brüsten waren Käsereiben, und eine Gasmaske am Kopf. Außerdem hatte dieses Wesen giftgrüne Abwaschhandschuhe und hohe Fischer-Gummistiefel an. Das also war die Herrin Manuela. Heilige Gummiwurst. Geh schleich di. Zwei Peitschen hielt sie in der Hand, eine kurze Jockeypeitsche und eine lange wie sie Fiaker verwendeten.
-Gell, da schaust, das ist was anderes wie die Seite-Fünf-Mäderln von der Kronenzeitung.
-I hau mi o.
Das entscheid immer noch ich. Ausziehen, brüllte die Gummiwurst, und ließ die lange Peitsche sanft über Hörgasens Rücken streicheln.
-Ma ist das gut, beeilte sich Hörgas, und war bemüht, seine Kleidung ordentlich zusammenzulegen, was er mindestens seit seiner Kindheit nicht mehr versucht hatte, und daher auch kläglich scheiterte.
-Ganz? Zögerte er bei der Unterhose, die zwar am Morgen frisch gewechselt, aber trotzdem einen gelben Urinfleck zeigte.
-Bist deppert? Aber wart na, dir hol i schon nu s'Weiße aus'm Aug. Socken kannst anlossen, wennst wüllst, und ans sog i da glei, Bumsn gibts net, geleitete ihn seine Herrin mittels ihrer Peitschen in einen nächsten Raum und kettete ihm unversehens die Hände an einem Deckenbalken und die Beine am Fußboden fest, so dass er dastand wie ein X, in dessen Mitte sich ein kleines i erhob. Hörgas war ungeheuer erregt. Scheiß mi an, ist das geil, dachte es in ihm, bin gespannt, wie es weitergeht. Aber es ging nicht weiter, nichts geschah. Gleich nachdem sie ihm den Mund mit einer Art Ballgeschirr geknebelt hatte, hatte die Herrin Manuela nämlich den Raum verlassen und ihn mit dem ganzen Foltergerät alleine gelassen. Geburtshelferzangen lagen da neben Schürhaken und Brecheisen, Eierschneider neben Schnüren, Mausefallen, ein Fischertechnik-Baukasten, Angelhaken, Wäschekluppen, Dildos und Strapons, unzählige Cremen, eine Streckbank, Ketten, Trichter, Spritzen und Klistiere, so dass Hörgas ein wenig anders wurde. Eigentlich war es ja leichtsinnig, sich einfach so

in die Gewalt einer völlig fremden Person zu begeben, von der er nur aus dem Kontaktmagazin wusste, wie sie aussah. Was, wenn sich in diesem Gummikostüm jemand anderer verbirgt, und was, wenn dieser jemand nun auf blödsinnige Ideen kommt?

Doch da kam seine Herrin schon zurück. Sie stellte sich direkt vor ihn, zog das Gießkannenmundstück aus ihrem Schoß, rieb mit einem Peitschenknauf an der nun entblößten Scham, machte ein paar Beckendrehungen und streichelte mit der Jockeypeitsche über den sich wieder aufrichtenden Kriminalistenschwanz, lachte dabei, drohte, mit den Reibeisen auf ihren Brüsten, den Schwanz wie eine Karotte wegzuhacheln, steckte sich den Peitschenknauf in ihren Schoß und hielt ihn Hörgas unter die Nase, so dass ihm der scharfe Geruch einer feuchten Fut in den Kopf schoss. Futkas, dachte es in ihm. Geh schleich di.

-Und? Gefällt dir das? Nahm ihm die dominante Manuela den Knebel ab, steckte ihm den Peitschenknauf in den Mund, vollführte mehrere fellationische Bewegungen und zog ihn wieder raus.

-Ob dir das gefällt?

-Sieht man's nicht?

Da ließ sie die Droschken-Peitsche gegen seine Füße knallen, so dass es höllisch brannte. Hörgas sah an sich hinab und erkannte einen langen roten Strich auf seinen Beinen.

-He, was soll'n das. Doch da wurden ihm auch schon die Augen hinterrücks verbunden:

-Deine Augen zittern so, da kann ich gar nicht hinschauen.

-Das ist ein Nystagmus.

-Ist das ansteckend?

-Aber woher denn.

-Na, das sagen alle.

-Geh schleich di, spürte er, wie ihn etwas kitzelte.

-Und du bist also Kieberer.

-Bist deppert? Aber überhaupt nicht. Wie kommst denn auf so was?

-Fiachst di? Zurecht. Weil a Kieberer zählt doppelt. Weißt, was wir mit Kieberern machen? Wir setzen ihnen einen Blechkübel auf den Schädl, und dann werden sie ausgepeitscht, aber richtig, ka Pipifax, dass ihnen Hören und Sehn vergeht. Tät da des gfallen?
-Geh schleich di. Ich bin kein Polizist, merkte Hörgas, wie sie ihn mit etwas in die Eier zwickte.
-Schatzi, spül di net auf wia da Petrus, mir machst nix vor, so was erkennt unserans hundert Meter gegen den Wind. Es ist wie ein leichter Scheißegeruch.
-Das ist nur, weil ich in den Hundedreck gestiegen-.
-Net hysterisch werden. Ich hab ja nichts gegen Polypen, obwohl so freundlich wie der Derrick seids ihr net. Weil bei den deutschen Krimikommissaren möchte man am liebsten auch Verbrecher sein, so liebenswürdig, wie die sind.
-Au, schrie Hörgas auf, zuckte ein Blitz sein Rückenmark hinauf, hatte sie ihn doch mit irgend etwas in den Schwanz gezwickt.
-Mir hat man Derrick immer verboten, ließ sich die Domina nicht aus der Ruhe bringen, und montierte weiter Gerätschaften an Hörgasens Gemächt. Einmal, das weiß ich noch, da ist es darum gegangen, dass ein Mann lauter zwölfjährige Mädchen eingeladen hat, dann hat er ihnen klassische Musik vorgespielt und sie dabei umgebracht. Na, frage nicht, was ich jetzt für ein Verhältnis zur Klassik habe, zwickte sie etwas in die Hörgaseichel. Bist das erste Mal bei einer Domina?
-Na, log der Kommissar, dem Schweißperlen auf der Stirn und Königstropfen auf dem Schwanz standen.
-Mir brauchst nix derzählen, oder glaubst, i bin deppert, da kommt ja schon das Vorsekret. Viel zu früh. Na, lass i di halt nu a bisserl hängen, und dann schaun ma weiter, hörte Hörgas Schritte und das Auf- und Zugehen einer Tür.
Hatte sie ihn also alleingelassen wie einen Mohnstrudel von Ölz in seiner Klarsichtfolie. Immer wenn er im Supermarkt an der trostlosen Abtei-

lung der Treibmittelmehlspeisen vorbeiging, hatte Hörgas das Gefühl, diese vakuumverpackten Mohnstrudel, Powidlgolatschen und Nussrollen würden ihn um Hilfe anflehen: Hüfe, hüfe, hörte er sie schreien. I kriag ka Luft, i kriag ka Luft. Hüfe, hüfe, i erstick, hörte er sie schreien. Der böse Ölz, der hat uns eingesperrt, jetzt müssen wir krepieren. Hüfe! Hüf uns doch heraus, hüfe, reiß die Verpackung auf. Und manchmal tat er das dann auch, riss er alle Klarsichtverpackungen auf, was ihm schon so manchen Disput mit einem Abteilungsleiter eingetragen hatte. So also fühlte er sich nun, wie eine vakuumverschweißte Mehlspeise von Ölz. Und wie er also da so hing und hing und hing und die Herrin Manuela nicht mehr wiederkam, weil wer weiß, wie viele Kunden die gleichzeitig betreute, vielleicht hatte ja auch sie wie ein Zahnarzt mehrere Behandlungszimmer?, jedenfalls lösten sich in ihm mit diesem Hängen die Krusten der Zeit und die Rinden seiner Persönlichkeit, der Reihe nach fielen alle seine Masken und Häute von ihm ab, bald schon war er nur noch ein wehrloser, nackter Hörgaskern, der fror.

Noch immer hing er mit verbundenen Augen und einem sonderbaren Ziehen im Gemächt in der Folterkammer der Herrin Manuela.
-Host glaubt, i hob di vergessen, war die nun aber wieder da, schritt eine Runde um Hörgas, ließ die Zungen ihrer Peitschen sanft an seinem weißen, schwammigen Körper entlang gleiten. Na, bist neugierig, band sie ihm die Augenbinde ab, so dass Hörgas an sich hinuntersehen konnte. Seine Pupillen zitterten nun wie verrückt. Er erblickte eine sonderbare Apparatur. Wie eine Raketenstation von Fischertechnik sah das aus. Schnüre, Zahnräder, eine Rakete und eine Schwachstrombatterie, außerdem hatte die Herrin zwei Mausefallen um seinen Hodensack geklemmt. Die nahm sie nun ab.
-Und nun, verkündete sie stolz, Kasperlpost! Sie zog das Gießkannenmundstück aus ihrer Fut, steckte es Hörgas in den Mund, machte ein paar kreisende Hüftbewegungen, bis sein Penis stramm stand, was in der

Raketenstation irgendeinen Mechanismus in Gang brachte, ihm mehrere kleine Stromstöße in die Eier jagte, einen Flaschenzug betätigte, eine Klingel, zu der sich eine festgezurrte Schlaufe um die Eichel löste, Hörgas augenblicklich ejakulierte, die Rakete in die Höhe schoss, es einen Mordsradau machte, und die ganze Junggesellenmaschine auf wundersame Weise von ihm abfiel, die Nachhut seines Ejakulates aus ihm tröpfelte.

-Ma ist des gut, stöhnte er, während die Herrin seine Fesseln löste.

-Glaubst, dass ma schon fertig san?

-Net?

-Schau, wosd überall hingspritzt hast, du Sau, des schleckst jetzt zsamm mit dein Kiebera-Bluzer.

-Geh schleich di. Aber was blieb ihm übrig?

-Die meisten, zog die Herrin an einem Reißverschluss, nahm die Maske von ihrem Kopf und offenbarte ein verschwitztes bäurisches Gesicht, das aber nicht unhübsch war, doch merklich älter als das Photo im Kontaktmagazin, graue Haare, die meisten, die mich besuchen, wollen zu sich selbst, sie wollen, dass ich sie aufknacke, zündete sie sich eine Zigarette an, blies dem Kommissar eine Rauchwolke ins Gesicht. Und? Woran sind Sie gerade dran, Herr Inspektor.

-Geht di an Schas an.

-Na, na, na.

Die Büffetverkäuferin

-Hat er ihnen nichts vom Kran erzählt?

-Kran?

-Weil der Morelli, müssen Sie wissen, der Morelli liebt es, Liebe zu machen in gefährlichen Situationen. Fragen Sie mal die Gaetane, mit der-.

-Die kann ich nicht mehr fragen.

-Die musste immer in den Generatorwagen mit ihm gehen. Und mit der Wendy hat er es im Pferdestall getrieben.

-Wer ist Wendy?

-Die Assistentin vom jungen Ulysses.

Mit Simba treibt er es immer in Aufzügen, und mit der Kassafrau während der Vorstellung unter dem Zelt.

-Das ist ja der reinste Casanova.

-Das können Sie laut sagen.

-Und mit Ihnen?

-Mit mir, fuhr sich die amerikanische Büffetdame durch ihr blondgemäschtes Haar, mit mir wollte er nur hoch hinaus. Immer hat er Baustellen ausfindig gemacht, musste ich mit ihm durch Schottergruben waten, um in die Führerkabine eines Krans hinauf zu steigen. Natürlich hat man dort einen enormen Überblick, und er wollte auch immer, dass ich amerikanisch dabei spreche, weil ihm das den Kick gebe. Und so habe ich also im Laufe der Jahre fast alle Gastspielstätten auch einmal von oben gesehen, bis es in Viktring in Kärnten passiert ist. Man spricht das übrigens wirklich wie Fickdrin aus, und nicht wie Wikdring.

-Was ist passiert?

-Er erzählt jetzt überall, ich hätte einen Scheidenkrampf gehabt, dabei stimmt das nicht, in Wahrheit hat er einen Schwellpenis bekommen, so hat es sich zumindest angefühlt, wie ein großer aufgeschwollener Schwanzballon, der nicht mehr aus mir herausgekommen ist, wie ein plötzlich mit einem Kompressor aufgepumpter Fahrradschlauch. Aber im Endeffekt ist es egal, ob es jetzt ein Scheidenkrampf oder ein Schwellpenis gewesen ist, ich will nur nicht, dass er es überall herum erzählt, weil schuld waren die Hubschrauber, die wie Libellen um uns herumgesurrt sind. Es waren die Rettungshubschrauber des Landskrankenhauses, die sich einen Scherz 'erlaubt haben. Um sie zu verscheuchen hat der Buster Morelli den Kranschwenker bewegen wollen, und da ist es dann passiert. Whuuup. Am Anfang dachten wir ja, das vergeht, so wie bei den Hunden, glaubten wir, dass wir nur warten müssten, was auch nicht lustig ist, weil die Erregung ist ja weg, Panik ist auf einmal da, Angst. Da lernen Sie dann einen Menschen kennen. Und wie mir die Höhe und das alles bewusst geworden ist, hat es bei mir ausgesetzt, habe ich immer Fuck, Fuck gebrüllt. Aber das ging ja nun nicht mehr. Es ist auch nichts passiert, wir steckten ineinander wie die Teile eines Türscharniers, konnten uns nicht rühren und ich habe immer Fuck, Fuck gebrüllt. Und der Morelli hat den Sentimentalen bekommen, er hat gemeint, dass er ganz alleine sei, sein Vater gestorben, die Mutter tot, und der Bruder ginge auf andere Seite, was immer das bedeutet, und ich solle meine Klappe halten, amerikanische Schlampe hat er mich geschimpft, da habe ich ihm Fuck, Fuck ins Gesicht geschrieen. So haben wir uns befetzt, bis er auf die Idee gekommen ist, bei der Rettung anzurufen, die wussten ja auch gleich Bescheid, und haben uns zu den Hubschrauberpiloten durchgestellt, und wie die aber mich nur Fuck, Fuck rufen hörten, dachten sie, wir würden sie verarschen, und haben auch Fuck, Fuck hineingebrüllt. So sind wir mindestens noch eine halbe Stunde verkeilt in der inzwischen illuminierten Kranführerkabine gewesen. Fernsehteams waren auf uns aufmerksam geworden und haben uns gefilmt. Das war für die ein Fressen: Nachrichten aus Viktring haben sie es genannt. Endlich aber hat man doch bemerkt, dass da was nicht stimmen konnte, hat einen Feuerwehrmann hinaufgeschickt, der am liebsten gleich wieder umgedreht hätte, weil er mich Fuck, Fuck rufen hörte, aber zum Glück hat mich der Morelli doch noch übertönt, und ihm den Ernst der Lage klargemacht. Dann ist ein Notarzt raufgeklettert, und hat festgestellt, dass man uns nach unten bringen muss, was aber nicht so ohne weiteres möglich war. Also haben sie die Seitenwand der Krankabine aufgeschweißt, uns zusammengebunden und mit einem Hubschrauber abgeseilt. Ich habe immer noch Fuck, Fuck gebrüllt. Fuck, Fuck hat man uns dann ins Landeskrankenhaus gebracht. Na, die Leut in der Notaufnahme haben vielleicht gelacht. Das müssen Sie wissen, wenn ihnen der Morelli was von Scheidenkrampf erzählt, hatte die Büffetdame längst die Hand des Kommissars gepackt und wild geknetet. Fuck!

Die Tierschützerin

-Was ist denn das, fiel Vilma, kaum saß sie auf dem Beifahrersitz, ein ganzer Stapel Pornohefte entgegen.
-Mein Hometrainer, lächelte Hörgas, und merkte einen unangenehm brandigen Geruch aus seinem Maul kommen. Und, wohin darf ich sie bringen?
-Sie haben ein Hotel?
Haben Mücken einen Gott? Gibt es eine Mückenreligion? Bestimmt haben sie einen Propheten: Osram, der das Licht predigt, die ewige Helligkeit, das Heil. Und das elektrische Licht ist für die Mücken wie für die Buddhisten das Nirwana, das Paradies für die Christen. Obwohl man den Mücken das elektrische Licht verbieten müsste, Osram ist ein Scharlatan, ein Mückengrill. Weil was denkt sich so ein Insekt, wenn es mitten in der Nacht das Licht in einer Wohnung sieht? Es glaubt, das sei der Garten Eden, Planet Insekt Sex, der Mückenhimmel. Unsägliche Strapazen überwindet es, nimmt eine Mückenodyssee auf sich, übersteht tausende Gefahren, Frösche, Libellen, Käfer, überwindet eine sagenhafte Strecke, mehrere tausend Mückenkilometer. Wozu? Um an einer Osram-Glühbirne zu verschmoren. Ist so etwas nicht unmücklich und unmenschlich; unhygienisch auch, liegen dann doch hunderte kleinster Mückenleichen in den Lampenschirmen an der Decke, liegen da wie gestrandete Wale an der Küste Australiens oder wie die Massenselbstmörder der Moon-Sekte, an Stellen, wo man sie nur mit einem Mordsaufwand wieder herausbekommt. Der angebliche Himmel ist ein Mückenfriedhof von Osram, ein Leichenschauhaus der getäuschten Kreatur. Was aber ist mit den wenigen, die an ihr Ziel gelangen, an das warme frische fette Blut von einem Menschen?
Hörgas selbst war ziemlich machtlos, den Mückenstacheln ausgeliefert, Vilma saß auf ihm, drückte ihm ihren rasierten Stempel auf, ihr V. Die Schamhaarbartstoppeln fühlten sich an wie ein männliches Stoppelbart-

Gesicht, an seinen Vater erinnerte ihn das. Hörgas hatte sich einen Lippenstift geben lassen, einen großen roten Mund um ihre Fut gemalt, und diesen dann geküsst. Nun saß sie auf seiner Zunge, stöhnte. Die Mücken umschwirrten und stachen ihn. Er war aber derart erregt, dass er sie gar nicht registrierte. Sein Blut war derart voll mit Alkohol, drei Promille, dass die Blutsauger der Reihe nach daran krepierten. Alkoholvergiftung.

Wenig später lag dann er in Vilma, krallte sie sich fest an seinem Hintern, merkte dabei eine Warze mitten in seinem Arsch, stöhnte, fiepste zum Ächzen des Bettes, machte seine schaukelnden, stoßenden Bewegungen mit, erreichte eine Resonanz mit ihm, ein Hin und Her, nicht schlecht.

-Du musst aufpassen, flüsterte sie ihm ins Ohr.

-Entspann dich, ich hab noch immer aufgepasst.

-Pass auf. Bitte pass auf.

-Ich pass ja auf, ja, ich pass schon auf, o und wie ich aufpasse,

-Pass auf. Bitte pass auf. Pass auf, pass auf, fiepste sie.

-O ja, jetzt, jetzt pass ich auf, pass auf, jetzt pass ich auf, und wie ich aufpasse, entleerte er sich voll in ihr.

-Idiot, haute sie ihm eine runter.

-Entschuldige, ich hab nicht anders können, drehte er sich zur Seite, betrachtete ihre herrliche Figur, die vorstehenden Beckenknochen, den mit Lippenstift verschmierten Venushügel, strich darüber wie ein Kenner der Materie, umkreiste ihren Bauchnabel, sah auf der Bettdecke ein bisschen Blut.

-Ich hab dich doch jetzt nicht entjungfert?

-Spinnst komplett?

-Hast deine Tag?

-Bist deppert.

-Und das?

-Ui, dann hab ich dir die Warzen im Arsch aufgerissen.

-Was für a Warzen?

-Oder hast Hämorrhoiden?
-Bist fertig?
-Dreh dich amal um. Ha, du hast da an Zeck, aber i hab ihn zerrissen. Schaut aus wia a z'druckte Schwarzbeer. Hast a Öl? Dann drehn man aussa.
-Im Hotelzimmer?
-In der Minibar gibt's an Schnaps.
-Da, sprang Hörgas auf, reichte ihr ein Fläschchen Gin, drehte ihr wieder seinen Allerwertesten zu. Aber du als Tierschützerin, derfst du das überhaupt?
-Wennst bled werden wüsst, i brauch da net helfen.
-Bitte. Au, des tut ja weh. Geh schleich di.
-Wie kann ma a an Zeck am Orschloch hobn?
-Frag i mi a, konnte sich Hörgas nur zu gut erinnern, wie er sich kurz vor ihrer ersten Begegnung den Hintern mit einem Blatt abgewischt hatte. Eine halbe Stunde später stand er im Badezimmer, sah eine Spinne im weißen Email der Badewanne ihre Runden ziehen wie ein Radrennfahrer bei einem Sechstagerennen. Doch sie war nicht schnell genug. Hörgas nahm den Duschgriff, spülte sie weg. Servas Franz Stocher. Dann ging er zum Waschbecken, drehte den Hahn auf und säuberte das Becken von den festgetrockneten Bartstoppeln. Beiläufig blickte er ins Klo, sah, dass es verstopft war, braune Würstchen und sich in Auflösung befindliche Papierstreifen schwammen darin.
-Ach du Scheiße. Geh mi net an. Auf dem Alibert lag ein grauer gerippter Elektrokabelschlauch, den griff er sich, stocherte damit hinein, lustvoll, erinnerte es ihn doch an die Fickstöße, die er vor kurzem noch in Vilma hineingehämmert hatte, doch es half nichts. Da kam ihm ein Gedankenblitz, nur so eine Idee, und ehe er darüber nachdenken konnte, war es auch bereits geschehen: Er blies hinein in den in der Suppe steckenden grauen Elektrokabelschlauch. Einen großen Puster Luft. Pffscht! Geh schleich di. Als er die Augen wieder öffnete, war er von oben

bis unten mit Scheißwasser voll. Das Gesicht, sein Nah und Frisch-Leibchen, die Unterhose, Socken, der Badezimmervorleger, alles nass, überall Fäkalien, feuchtes dreilagiges Toilettepapier klebte an seinem Ohr. Verdammte Scheiße. So weich, dass man es blind erkennt. Geh schleich di. So nass und stinkend wie er war, rannte er aus dem Badezimmer, vorbei an Vilma, die einen Lachkrampf bekam, runter zur Rezeption, wo er sich lauthals beschwerte.

-Brauch ma überhaupt net drüber reden. Des ist a Skandal. Skandal.

-Beruhigen Sie sich, versuchte der Rezeptionist diesen Klowasserzombie zu besänftigen, was sollen denn die anderen Gäste denken. Das ist hier ja kein Wasserfilm, wo Wasserleichen rumgeistern. Hörgas sah sich um, merkte die alten weißhaarigen Menschen mit ihren Trenchcoats und rosaroten Blusen.

-Das sind doch Mofs, schrie Hörgas.

-Was ist denn ein Mof, fragte eine Frau mit sächsischem Akzent.

-Mensch ohne Freund, entfuhr es Hörgas.

-Frechheit, sagte die Sächsin.

-Für de Deitschn ist der Tourismus ihre Diaspora.

-Wie bitte?

-Das ist wie überall, die einfachsten Sachen sind immer am schwierigsten zu verstehen, bemühte sich der Rezeptionist Hochdeutsch zu sprechen.

-Geh hoilt die Pappn.

-Wieso soll er die Pappe halten? Wo ist denn der Karton?

-Woins a Detschen?

-Ein Teetscherl? Wo Österreich für seinen Kaffee bekannt ist.

-Bled wia d'Nocht.

-Wie bitte?

-San Sie deppert?

-Ja, aber woher wissen Sie das?

-Was?

-Harald Deppert, angenehm. Das ist meine Frau Hardy.

-Na servas.

GÜNTHER FREITAG

letzte hoffnung

Auf dem Rücken liegend erinnere ich mich an den letzten Versuch, gemeinsam mit Nora unsere Beziehung zu retten, nachdem ich ohne organische Ursachen von einem Tag auf den nächsten trotz der größten Erregung keine Erektion mehr zustande gebracht hatte. Ärzte, Psychologen, die alle zur selben Diagnose fanden: Alkoholbedingte Impotenz im vierten Grad der fünfteiligen Skala. Und als letzter Ausweg ein gemeinsamer Aufenthalt im Sanatorium Optimismus.

Am Bahnhof erwartet uns der Landauer mit der Aufschrift des Sanatoriums an den Einstiegstüren. Nora drückt meine Hand, flüstert ein paar Worte in mein rechtes Ohr, die ich wegen der Pelzkappe nicht verstehe. Ein junger Mann in der grauen Landestracht kommt zielstrebig auf uns zu. Murmelt eine unverständliche Begrüßungsformel. Fasst nach den Koffern und trottet zum Landauer vor. Endlich sind die Koffer verstaut, und der Landauer setzt sich in Bewegung.
Ob alle, die mich in diesem Wagen sehen, wissen, aus welchem Grund ich hier bin? überlege ich.
Das Sanatorium Optimismus (die Annonce in der Zeitschrift ABGRÜNDE nennt es Hotel) liegt auf einer Lichtung im dichten Mischwald.
Ob das Patienten sind? frage ich, als wir an einer Gruppe von fettleibi-

gen Glatzköpfen vorbeifahren, die, verpackt in weiße Jogginganzüge mit der Aufschrift Optimismus, unter der Leitung eines Athleten Gymnastik treibt.
Gäste! verbessert Nora. Ich müsse endlich aufhören, mich und meine Umwelt als krank zu betrachten. Was nütze der fröhlichste Name für das Hotel, wenn ich ihn mit meinem Krankenhausjargon in den Schmutz ziehe?
Am Portal werden wir von einem eleganten Verwalter empfangen, der sich Maitre nennt und gestenreich versichert, unsere Wünsche und Erwartungen würden im Hotel Optimismus erfüllt werden.
Die Zimmer erinnern tatsächlich an ein erstklassiges Hotel. Zwei Einzelzimmer mit einer versperrbaren Verbindungstür. Alles Krankenhausgerechte ist so perfekt aus diesen Räumen verbannt, dass ich mich augenblicklich elend fühle und in meinem Zimmer einschließe.

Doktor Laakoonen aus Turku fällt mir ein, der seine Patienten über den Umweg des Tierischen zur Potenz zurückführen wollte. Nach unzähligen Aufgüssen in der gemischten Sanatoriumssauna und einer gewalttätigen Ganzkörpermassage ließ Laakoonen die Insanen in Eisbärfelle schlüpfen und unter seiner Anleitung durch eine Schneelandschaft hüpfen. Den Abschluss bildeten Revier- und Rangordnungskämpfe unter den Eisbären. Abhärtung und Konkurrenzdenken sollten die Geburtshelfer eines neu gewonnenen Körperselbstvertrauens sein, erläuterte Laakoonen.
Halte durch! telegrafierte Nora, nachdem ich ihr davon berichtet hatte, wie sehr ich unter der extremen finnischen Kälte und Feuchtigkeit litt. Dass auch in Venedig ein wenig Schnee gefallen sei und sie sich nach mir sehne, fügte sie in einem Postskriptum an.
Nach qualvollen Wochen war ein verheerender Rheumaschub die einzige sichtbare Wirkung der finnischen Therapie. Ich flog nach Venedig. Enttäuscht saß Nora an meinem Bett, das ich wegen der Gelenksschmerzen tagelang nicht verlassen konnte.

Das erste Abendessen wird aufs Zimmer serviert. Zwei Kellner in roten Samtjacken arrangieren den Tisch mit einer Akribie, die an die Perfektion erster Häuser an der Riviera erinnert. Teller und Schalen aus feinstem Porzellan, das Besteck aus Silber. Aus Lautsprechern in der Deckentäfelung Salonmusik.

Eindeutig, das heißt auf meine Kräftigung ausgerichtet, ist die Menuzusammenstellung: Schinken und Käse, eine Bouillon, anschließend Tafelspitz mit verschiedenen Gemüsesorten, als Nachspeise Obst.

Nora bemerkt meinen ratlosen Blick zum Getränkewagen.

Nein, hier wirst du keinen Schnaps finden! triumphiert sie.

Lustlos stochere ich in den Kohlsprossen.

Nora erkennt meine Niedergeschlagenheit und versucht mich aufzuheitern: Nach dem Obst vielleicht einen kleinen Eierlikör?

Die Verbindungstür steht offen. Nora wälzt sich in ihrem Bett von einer Seite auf die andere. Ich lese in Thibauts Kulturgeschichte der Vergewaltigung. Beginne schon nach wenigen Seiten zu schwitzen. Höre in meinen Körper hinein, aber die Erregung wird nicht an die Oberfläche weitergeleitet.

Tiefdruckwetter und frische Landluft erhöhten die Bereitschaft, ein verankertes aggressives Triebleben zur Tat schreiten zu lassen, schreibt Thibaut.

Nora hat von ihrer beginnenden Migräne gesprochen. Ein Indiz dafür, dass der Luftdruck sinkt. Ich öffne das Fenster. Dann wage ich den ersten Versuch seit Monaten. Presse mich an Noras Rücken. Sie flüstert Unverständliches ins Kissen. Ihre Hüften wippen zögernd. Mein Kopf ist voll von Bildern, aber mein Körper bleibt tot.

In mein Bett zurückgekehrt, lese ich wieder in der Kulturgeschichte der Vergewaltigung. Bevor sich ein rasender Bettelmönch an einer Nonne vergehen kann, schlafe ich ein.

Im Speisesaal werden wir vom Maitre von Tisch zu Tisch geführt, er nennt Namen und Berufe. Wir drücken Hände. Noras eng anliegendes Samtkleid zieht die Blicke meiner Leidensgenossen an.
Wenig später sitzen wir dem medizinischen Leiter gegenüber. Kahlköpfig und dürr hockt er in einem Ohrenstuhl aus schwarzem Leder. Tadelloser Anzug, flinke Augen.
Jeder Mensch hat mit seinen ganz persönlichen Unzulänglichkeiten zu kämpfen, begrüßt er uns. Was aber bedeute, dass jeder Mensch mit dem entsprechenden Willen sein Manko überwinden könne.
Ich nicke.
Er selbst sei halbseitig gelähmt, fährt der Greis fort und springt aus seinem Stuhl hoch. Läuft ein paar Mal um den Schreibtisch.
Ratlos verfolgen wir die Szene.
Wieder in seinem Ohrenstuhl, genießt er unser Staunen. Alles bloß eine Sache des Willens!
Ich glaube nicht an die Lähmung. Diese Szene gehört wohl zum Begrüßungsritual, mit dem sich der Arzt Neuankömmlinge unterwirft.
Ich halte den Glatzkopf für einen medizinischen Taschenspieler, aber Nora vertraut ihm. Seine Augen bohren sich in ihren Ausschnitt, mich beachtet er nicht.
Und Sie meinen tatsächlich ...? Mitten im Satz bricht Nora ab.
Sie müssen mir vertrauen! fordert der Arzt und verordnet einen dreistündigen Spaziergang durch den hoteleigenen Wald. Bevor ich den Raum verlasse, drückt mir der Arzt einen Plan in die Hand, auf dem die genauen Wege, auch die Zeit, die ich für die einzelnen Abschnitte benötigen darf, eingezeichnet sind.
Ob ich zwischen diesen Impotenzlern meine Unzulänglichkeit abschütteln werde? frage ich. Nora ist zuversichtlich.

Am Abend versammelt der medizinische Leiter jene Gäste im blauen Salon, deren Unzulänglichkeit auf unkontrollierten Alkoholkonsum zurück-

zuführen ist. Die Partnerinnen sind von dieser Klausur ausgeschlossen. Für sie hat der Maitre ein Damenprogramm zusammengestellt: Nach einem Diavortrag über europäische Küstenlandschaften wird der Tenor Fedor Roszynsky, vor Jahren selbst Gast im Hotel Optimismus, berühmte Arien singen.

Er werde an diesem Abend, beginnt der Arzt, über eine Ernüchterungstechnik sprechen, die seit der Antike bekannt sei. Zu diesem Zweck zitiere er aus der Geschichte der Vernunft:

Kabes kannte rigorose Mittel, den Alkohol auszutreiben. Nach der Benutzung der Feder benutzte er den Zeigefinger, den er an einer Stelle hinter dem Zungenboden einsetzte. Der Erfolg war immer bemerkenswert. Enthielt der Magen so gut wie nichts mehr, blieb der Schädel übrig, denn, wie man weiß, flüchtet sich das Essentielle dieser Mischungen nach oben. Kabes hatte sich ein Gefäß anfertigen lassen, das im Umfang dem doppelten eines Wein-Schädels entsprach. Gefüllt war dieses Gefäß mit einer Mischung aus kaltem Wasser und Essig. Diesen Teil der Austreibung nannte Kabes die Vernichtung des Weinselbstlings. Eine Form untragbarer Heiterkeit bleibe nämlich immer übrig, die zu verantwortungslosem Handeln verführe. So tauchte Kabes seinen Schädel bis zum Nacken in die Flüssigkeit und verharrte so etwa zwei Minuten.

Sprudelnd und brüllend tauchte er dann wieder auf, um ohne Umschweife wieder unterzutauchen, wenn der Grad der Läuterung noch nicht erreicht war.

Zwei Minuten schaffe ich niemals bei meiner angeborenen Herzschwäche! unterbricht der fette Fabrikant aus Köln den medizinischen Leiter. Der jeden Zwischenruf untersagt und mehr Willenskraft fordert. Dann liest er weiter:

Nach diesem Teilakt blieb als Erinnerung nur der so genannte Kopfschmerz. Den Kopfschmerz, sagte Kabes, muss man besiegen durch einen anderen Schmerz an einem Organ, das mit dem Kopf verknüpft ist; bei ihm war es der rechte große Zeh.

Das Mittel für den letzten Zweck schließlich war ein rundes Stück Hartholz mit vielen kleinen Kerben auf dem langen Griff. Hatte Kabes seinen Kopf-Zeh verprügelt, herrschte in der Kopfzone offensichtlich Ruhe. Zaghafter Applaus füllt den blauen Salon. Als er verklingt, kündigt der medizinische Leiter für den nächsten Abend einen Vortrag zum Thema Verlust der Sinnlichkeit durch Erdstrahlung an.

Was für ein Mann! charakterisiert Nora den Tenor. Was für eine Erscheinung, was für eine Stimme!
In meinem Zimmer trinken wir Eierlikör.
Nora geht unter die Dusche, ich mit der Kulturgeschichte der Vergewaltigung ins Bett.

Während der Freizeit liege ich, in eine warme Decke gepackt, auf der Veranda. Achte darauf, möglichst weit von meinen Leidensgenossen entfernt zu liegen, damit sie mich nicht mit ihren impotenten Biografien belästigen. Mit geschlossenen Augen stelle ich mir Nora unter der Dusche vor. Schweiß tritt auf meine Stirn.
Ist Ihnen nicht wohl? fragt besorgt eine Krankenschwester.
Ich schüttle den Kopf. Fasse unter die Decke: Nicht die Andeutung einer Erektion ist zu ertasten.

Mit einem schweren Kopf kehre ich in mein Zimmer zurück. Nora hat die Verbindungstür versperrt. Aus den Lautsprechern gedämpfte Operettenmusik.
Magenschmerzen.
Bilderflirren vor den Augen.
Im Fauteuil sitzend schlafe ich ein.
Stimmen aus Noras Zimmer wecken mich.
Benommen raffe ich mich hoch. Presse mein Ohr gegen die Türfüllung.

Schrill nun Noras Lachen. Säuselnd die Stimme des Maitre. Ein Sektkorken knallt. Kein Wort ist zu verstehen.
Beim Abendessen schweigt Nora. Der Maitre lässt sich nicht blicken. Über Lautsprecher wird ein erotischer Film angekündigt.
Vier Wochen, und nicht die geringsten Anzeichen einer Besserung, flüstere ich.
Auch sie habe eingesehen, sagt Nora, dass das Hotel Optimismus versagt habe.
Und nun? frage ich.
Nach einer kurzen Pause spricht Nora von einem Zahnarzt und davon, dass ihr meine Langsamkeit den Atem entzwei schneide.

PETER GLASER

Nackte Frau in Weiß und Ruhe

Nichts kann im übrigen die menschliche Entwicklung so wirkungsvoll hemmen wie mühelose, sofortige Befriedigung jedes Bedürfnisses durch mechanische, elektronische oder chemische Mittel. In der ganzen organischen Welt beruht Entwicklung auf Anstrengung, Interesse und aktiver Teilnahme - nicht zuletzt auf der stimulierenden Wirkung von Widerständen, Konflikten und Verzögerungen. Selbst bei den Ratten kommt vor der Paarung die Werbung.

Lewis Mumford

Im Hof standen die Bäume noch ohne Grün, sie sahen aus wie das Skelett eines großen Feuers. Auf der Straße gingen die Leute mit Insektenaugen, sonnenbebrillt. Dann kam – ihr Name fiel mir nicht mehr ein. Dabei kannte ich sie gut.

Erst später, als sie mit beiden Händen hinter sich fasste wie um ein Flügelpaar loszumachen, das an ihrem Rücken befestigt war wie weiße Fensterläden, und ich den kleinen, fragezeichenförmigen Haken aus der Gummischlaufe hochkommen sah, während sie ihren BH öffnete, wusste ich wieder, dass sie Amina hieß.

Ein Tuch aus Küssen lege ich auf deine nackten Schultern.

Sie ging einmal durch die Wohnung, und ein paar Tage später fand man eine halbvolle Kaffeetasse, die sie ganz oben auf einem Regal abgestellt hatte, einen albernen Aufkleber an der Kühlschrankseitenwand oder eine wehmütige Schar Zimmerpflanzen auf dem Brett über der Heizung, denn alle Pflanzen lieben Amina.

Es schüttelte mich. Alles Umständliche fiel von mir ab. Ich kam klar. Seit Tagen lief es auf Klarheit zu; vielleicht, seit ich denken kann.

„Ich hab´ Scheitelschmerzen", sagte ich.

„Was?"

„Mir tut der Scheitel weh."

Wir saßen in einem Iglu aus braunen Kartons vor meinem Schreibtisch. Es roch süß und trocken nach Pappe. Das Zimmer war weg. Alles, was in dem Zimmer gewesen war, war nun in den Kartons. Ich zog um und überlegte, wie man klar werden konnte ohne zu kristallisieren. Es gibt eine organische Klarheit. Sie kommt über mich, wenn rund um mich herum das Chaos flirrt. Wenn Leute mich anrufen und fragen, ob ich Augenbadewännchen kaufen will, weil meine Telefonnummer irrtümlich unter Labors auf die Gelben Seiten geraten ist. Wenn die Mächte des Durcheinanders in der Luft schillern wie ein riesiges Blatt Wurst, das schlecht geworden ist.

Es schüttelte mich. Ich kam klar.

Amina gibt es nicht ohne Nachlässigkeit, ohne Zerstreutheit. Ihre schöne Liebenswürdigkeit entstieg einem unermesslichen Aufschäumen des Ungefähren. Unterlief ihr dann an einem Wort oder einem Blick ein scharfer Rand, lockte sie mich mit einer anrührenden Schläfrigkeit, bis ich mich schnitt.

Die Katze kam, alle Tiere lieben Amina.

Zum Zeitvertreib schrieben wir Worte auf einen Zettel, mit denen man

Deutschlernende schocken kann. Datenbankadministrationstool. Edelstahldoppelspüle. Aufzugtürsteuersysteme. Shopuebergreifendes Warenkorb-System.

Etwas streckte sich und dehnte sich, ein Drang, ein Behagen. Ich fühlte ein eiskaltes Glas an meiner Wange und einen Kuss darauf glühen, und draußen brannte der Frühling in den Bäumen. Ich möchte dich nackt vor einem Spiegel sehen, schrieb ich auf den Zettel, im Schein einer Kerzenflamme, die sich um den Docht wiegt und einen kleinen Jive tanzt. Das warme Gelb, der Messington, der Hauch von Feuer.

Wir waren schnell. Klarheit ist der Traum von Geschwindigkeit. Während Geschwindigkeit sich immer abmüht, näher zu kommen, ist Klarheit da.

„Was du von mir haben kannst, wenn du mir mit Respekt begegnest, weißt du“, sagte sie. „Wenn du nicht willst, lass es.“

„Zieh dich an“, sagte ich.

„If you care for me, be there for me”, sagte sie freundlich.

Wir setzten uns jeder in einen Pappkarton, Amina nahm die Katze, und ließen uns von den Männern der Umzugsfirma in den Lastwagen vor dem Haus tragen. Ich hatte ihr mit dem Taschenmesser ein kleines Fenster in den Karton geschnitten, nach innen umgeklappt, was eine Art Fensterbank ergab. Ich erzählte durch die kleine Öffnung hindurch, dass ich dieses Verfahren von einem Freund gelernt hatte, der vor langer Zeit in einem alten Waschmaschinenkarton am Rand von Teheran gelebt hatte. Es war dunkel im Laderaum des Lastwagens, der Motor sprach in Dieselbässen.

Ich zeigte Amina meine neue Wohnung. Die Handwerker hatten wohl im Überschwang aus dem Vorzimmer ein Loch ins Treppenhaus durchgeschlagen. Die Mörtelreste am Türsturz waren frisch lackiert. Bei meinem Nachbarn in der Etage darunter tropfte es von der Decke. Ich nahm die Gelegenheit wahr, mich vorzustellen und erfuhr, dass er Entomologe war, ein Ungezieferforscher.

Amina zeigte mir unten im Garten einen großen Bambus, er blühte. Sie sagte, dass diese Art nur einmal in einem Jahrhundert blüht, überall auf der Welt zur gleichen Zeit, und dass die großen, alten Pflanzen nach der Blüte sterben. Amina weinte, ich lachte. Statt Brot und Salz brachte der Nachbar ein Computerspiel, in dem man lernen konnte, den Betrieb eines Ameisenhaufens zu managen. Wenn Amina etwas sagte, nickte ich. Was soll man auch sagen, wenn alles klar ist.

Früher gab es die Nacht als einen Fluchtraum, in den sich die Müdigkeit zurückgezogen hat. Sie wurde vom elektrischen Licht verscheucht, und es bildete sich eine neuzeitliche Form der Erschöpfung aus, eine Unruhe, Nervosität. Dies war die Geburtsstunde des jugendlichen Nachtlebens, das nun irrlichternd über den Planeten flackert. Und während die Jugend nach dem verlorenen Paradies sucht, erzählt das Licht die Geschichte der Welt.

Wie bei jeder neuen Technologie, so waren auch bei der Einführung des elektrischen Lichts Skepsis und Sorge verbreitet. 1882 hielt mit Edisons Glühbirnen im New Yorker Bahnhof Pearl Street am unteren Broadway die künstliche Beleuchtung Einzug in die USA. In Paris gingen die Damen damals, da sie Angst vor dem stechenden Licht hatten, nachts mit Schirmen durch die Straßen. Heute verbreitet sich wieder eine Technologie, wieder haben wir es mit Schirmen zu tun, diesmal Bildschirmen. Wieder scheuen Frauen sich davor, dem Leuchten ausgesetzt zu sein. Wie soll der Fortschritt einmal allen gehören?

Auf Aminas Haut lag vom Bildschirmlicht blausilberner Schimmer.

„Ich schreib dich“, sagte ich, und sie drückte den Knopf einer Tischlampe und unter dem grauen Schirm leuchtete es. Die Katze legte sich unter die Lampe und ließ sich von der Glühbirne das Fell wärmen. Ich fing an zu schreiben. Es war ganz leicht. Ich lehnte an den Turbinen des Geschlechtstriebs und fühlte das gewaltige Vibrieren. Ich schrieb ein, zwei Sätze, und das Unstillbare begann zu klingen. Die Sätze lagen wie Kähne auf einem Schaum von Satzfetzen, mit schillernder Gischt sprühten sie in den Verstand hinein. Es lockt die Ewigkeit, sie zieht uns ins Vergängliche.

Diese Haut war ein Land ohne Fels, der Körper ein Kontinent aus Schönheiten, Blut und Unheil. Das verletzliche Rosa in den Augenwinkeln und das Dunkelrosa der Geschlechtsfaltung, urzeitlich müde. Die Farben schlossen sich in einem flachen Bogen zu der Tagesbahn eines Gestirns. Es war eine kriegsheiße, unsichtbare Sonne. Es war das Licht der Lust.

Aus den schlanken Sehnentälern am Hals floss ein Gletscher aus Langeweile zwischen den spöttisch schönen Brüsten hindurch, Kuppeln unterirdischer Feierstätten. Floss weiter, matt über den Bauch, und kalbte flache Brocken Trostlosigkeit in den winzigen Ozean der Schamhaarlocken hinaus und in die Stille in dem Zimmer.

Ein Gefieder aus Stolz wuchs in einem schnellen, zarten Vorstoß aus der Schulterlinie, ein Cape wie aus Schneefall, Schwebe und Äther. Eine Faust passte in die Achselhöhlen, ein Sturm aus Fingern in das lange, blonde Haar. Das Fleisch wartete in der Dunkelheit unter der Haut.

Diese Haut schwieg und wärmte. Flaum auf dem Unterarm vergrößerte in einem Sprung auf mich zu sich zu einem Schilfhain. Ich stand in einem Areal neben einem gewaltigen, wie Bernstein dunklen Härchen, das mich ums Dreifache überragte. Die Vorstellungen stürzten in eine farbige Leere, und mit einem Ruck, wie perfekt hineingesprungen, füllte ich wieder meinen Körper aus, neben Amina.

Man ahnte diese Haut an den Handflächen, und ich sah das prachtvolle Selbstbewusstsein, das aus dem Gesicht leuchtete. Wie in Schalen lag es in den Rundungen der Schlüsselbeinmulden, aus denen nun zwei Linien hochzogen, weit über den Körper hinaus, bis sie sich in eisigem Zirrhusdunst hoch in der Atmosphäre schnitten und eine Fläche verbanden, eine kilometerhohe Pfeilspitze, deren Schaft die schnelle Schönheit Aminas war.

Die schnelle Schönheit war in den Sälen unter den Brüsten angelegt, auf die Sehne einer Liebe zur Welt gespannt in dem Bogen zwischen den Augenwinkeln und dem Geschlecht, auf den rosa Farben, und immer wieder abgefeuert in eine vollkommene Stille hinein und hinaus in die hoffnungslosen Weiten des Raums, immer wieder.

Sie lag in meinem Blick wie in einer Hängematte und legte ein Tuch fort, und dann kam es, groß und ruhig, was zu sehen war, nicht mehr, ohne phantastische Ornamente, sie, die Nackte, bildlos deutlich, still und anziehend, und das Rot des Tuchs war Rot und nicht mehr.

Bilder bestehender Frauenschönheit verschwanden, erschienen nur noch im Abglanz als eine dekorative Verspannung, als kristalline Rundlichkeit. Das Runde hier lebte, lebte.

Bequem lag sie auf der Seite. Von der idealen Linie der Schönheit und von der deckungsgleichen Körperkontur hing das Bauchgewebe in nachlässigen Formen, großen, behaglich gefüllten Hauttropfen, und aus den Bildern war die Schönheit mit herabgesunken in das nachgiebige Fleisch. Die Brüste waren aus der klassischen Geometrie der Verlockung gerutscht, die eine schmiegte sich an den Brustkorb, die andere lag freundlich gequetscht von der ganzen Körperseite auf dem Kissen.

Aus dem Bogen ihrer Hüfte stieg eine Fülle weiterer Bogenkonturen an wie die roten Farbschichten eines späten Abends, nur eben unsichtbar, Hüftgefühl. Es war, als blühten alle noch nicht vollführten Hüftschwünge an dem Bogen auf. Es war ein kleines Strahlen der ungeheuren bilderschaffenden Kräfte der nackten Frau in Ruhe, der Muse.

Wie wohl sie aufgehoben schien, eine Venuswelle, die in sich selbst anstieg, floss und sank, blutdurchlaufen, wärmestrahlend, seelenfunkelnd.

Gefühlsverläufe erschienen als Gestalt: ein schwebender Schal aus purem Empfinden, den ich im Inneren ihres Schenkels fliegen sah. In einer luftigen Raupenkrümmung durch die Hüfte hindurch und dann auf mich zu wurde die Gestalt unfassbar und tauchte unter in einem bildlos innersten Gefühl, das sich, von einer stummen Wärme aufgetrieben, wie ein ballonfahrender Pioniere in den Höhen der Brust aufhielt.

Weiß, Tracht der Unschuld, in dichter Farbe an den Strumpfrändern; dann bewegte sich ein Bein, und ein frivoler Schleier zog über das Weiß, ein kesses Schattengrau. An den Schenkeln hatte die Hautfarbe sich wie in ein Löschblatt in das weiße Strumpfgewebe gesogen, und das Unschuldsweiß untergab sich als ein reizvoller Schimmer der bloßen Hautfarbe.

Wie das Weiß, die Unschuld, in meinem Blick umgehend scheiterte. Wie sehr das dunkle Braun der Haare gleich an eine Hand streichen mochte. Wie sehr das Dunkle in seiner erdhaften Frische sich noch schärfte an dem Weiß. Wie es lockte, wie es lockte. Noch gar nicht von dem Körper zu sprechen, der zwischen den beiden starken Farben in einem matten Ton wie eine Besänftigung verheißende und selbstsicher schweigende Ausrufung in seiner Blöße steckte.

Sie lag Katze. Wie ein Lichtreflex auf einem Wellenrieseln, in heiteren Figuren schwingend, schlingend, springend, zog ein Lächeln über ihren Körper. Unter der Haut, wie Schatten der Lichtfiguren, feine, strahlige Wärmen; Seeanemonen aus Gefühl.

Hinter einem schwindenden Nachbild der Brüste sah ich ihre Wangen. Aus den Wangen wurde ein hellroter Ruf lauter, Berührung. Das beinah verblasste Nachbild der Brüste legte sich an die Wangen, als wäre es schon die Berührung. Es versank unter die Haut, die durchsichtig wurde. Die Kraft, die sich in meinen Handflächen für die Berührung sammelte, erschien unmäßig und würde an den Wangen eine überlaute Zärtlichkeit ergeben.

Aber meine Hände, die stofflosen Hände, die in die Vorstellung hinausfassten, wollten dem Bild folgen, den Brüsten, die hinter dem Wangenrot in weiße Tiefe sanken. Aminas Blick blieb gleichmütig. Sie wusste von den Bildern, die in ihrer Haut versanken, und den Phantomen des Begehrens, die sie anlockten. Ich steckte Hände und Arme durch ihre Wangen hindurch, um noch einen Anhauch der ungreifbaren Brüste zu erwischen. Unsere Gesichter kamen sich näher, ihr Augenpaar und darüber der flügelschöne Brauenzug einer Regentin, und ich so nahe daran und gefährdet, im Haltlosen, im Ungeheuerlichen, in den Tiefen hinter ihren Wangen und mit leeren Händen.

Was blieb, als ganz hineinzustürzen, zu stürzen, dann als ein Rieseln, ein Schleierfall durch ihren Rücken wieder hinauszugeraten und in einem wilden Looping wieder in meinen eigenen Körper zu springen.

Nun war es, als atme sie durch ihr Geschlecht. Der Blick wollte ein Atem werden, spürbar, ein warmer Luftstrom, ein Muskel, der schmiegsam und schlank in das fruchtrosa Geschlecht fuhr und im Bauch aufging zu einem Atemzug und wieder ausströmte, unverbraucht und erfüllt von Lust. Traumbild des Blicks, der ein Atem werden wollte, und Traum dieses einzigen Atems, der zwei Menschen verbindet.

Ihre Rippenbögen waren nun Schenkel und Hinterbacken einer schlanken, säuglingsgroßen Frau, ihr Bauch deren gestreckter Rücken. Die vorgestreckten Arme der kleinen Frau tauchten in das Fleisch ihrer Leisten, Hechtsprung, die kleine Frau tauchte gerade in ihrem Bauch unter, das Schamhaar war ein Pferdeschwanz. Der Kopf der kleinen Frau verschwand zwischen den großen Schenkeln.

Der Blick bildete Konturen schon in den luftigen Schemen vor einer tatsächlichen Vorstellung; Windwürfe, die ihre Spuren in das Gras wehen oder in Kornfelder oder Laubscharen. Der Blick ging an ihre Haut, streifte zwischen den Beinen hoch, überschlug sich in lockigen Figuren über dem Anstieg der Rippen, teilte sich um die Brüste wie Wasser und wischte hoch, sammelte sich aus vielfaserigen Verläufen zu einem Punkt, der in den Anblick des ganzen Zimmers auseinanderfuhr.

"Komm her", sagte Amina. Ich kam her.

Es roch süß nach dem Blut des Bewusstseins. Das Leben wurde ganz einfach. Wenn das Leben so einfach wird, hat sich die Anstrengung gelohnt.

Nachdem sie gegangen war, legte ich mich ins Bett und war mit dem nächsten Atemzug eingeschlafen. Ein Regenrauschen kam durch das offene Fenster und zog mich in einen Mahlstrom und hinunter in die geheimnisvolle Klarheit der Traumtiefen und an die duftenden Wurzeln der Wirklichkeit.

ELFRIEDE KERN

Projekt

Sam dreht neuerdings den Kopf nach den Frauen. Das missfällt Klara außerordentlich. Geht sie mit Sam durch die Stadt, kann er seinen Blick nicht von den Frauen in den Schaufenstern lösen. Sobald Klara sich durch mehrfaches Räuspern in Erinnerung bringt, stolpert er mehrfach und knöpft seine Jacke bis obenhin zu. Fragt sie ihn, ob ihm kalt ist, verneint er geistesabwesend. Klara denkt schon seit einiger Zeit daran, ihm eine Lektion zu erteilen, die sich gewaschen hat. Er kommt auch Abend für Abend später nach Hause. Verzeih Schatz, sagt er und schaut an ihrem Kopf vorbei ins Leere, aber im Büro war die Hölle los. Klara, klug wie sie ist, weiß, dass jetzt eine Szene das Falscheste wäre. Macht nichts, sagt sie, plaudert aufgeräumt und gibt ihm so die Gelegenheit, sich zu ermannen. Der Aquarellkurs, den sie eigentlich nur besucht, um die Zeit totzuschlagen, liefert unerschöpflichen Gesprächsstoff. Unser Lehrer will demnächst mit uns ans Meer, sagt sie, er will uns zeigen, wie der Aquarellist Strände bewältigt. Dann holt sie eilfertig ihre neuesten Hervorbringungen und bittet Sam um sein Urteil. Der weiß sich über Klaras Kunstfertigkeit gar nicht zu fassen und ist des Lobes voll. Wenn du so weitermachst, können wir bald die erste Ausstellung für dich organisieren, sagt er, hast du schon nette Freundinnen gefunden, fragt er und Klara erzählt sogleich dies und jenes von ihren Kurskolleginnen. Allerdings verschweigt sie die hochinteressante Bekanntschaft, die sie neulich gemacht hat. Da ist sie, bloß aus Langeweile und um die Zeit totzuschlagen, in eine Galerie gegangen und mit einer Besucherin ins Gespräch gekommen. Sie hat ihre neue Bekanntschaft außerordentlich sympathisch gefunden, ist zu guter Letzt auf Sam zu sprechen gekommen und hat ein Seufzen nicht unterdrücken können. Wir sind erst vor kurzem hierher gekommen und Sam will um jeden Preis Karriere machen und ich langweile mich währenddessen zu Tode, hat sie gesagt und resigniert die Hände gehoben. In der Folge hat sich herausgestellt, dass Klaras neue Freundin künstlerisch tätig gewesen ist und gerade ein neues Projekt vorbereitet. Ich sitze in einem Schaufenster und locke die Männer an, hat ihre neue Freundin gesagt. Im Herbst werde ich eine Ausstellung in der größten Galerie der Stadt haben, hat sie gesagt und Klara hat mit ihrer Bewunderung nicht hinter dem Berg gehalten. Sie hat sich die Adresse des Ateliers ihrer neuen Freundin aufgeschrieben, festgestellt, dass ihre Wohnung nur zwei Gassen weiter liegt und ihre Freundin sogleich begleitet. Mein Sam geht auf seinem Weg zur Arbeit jeden Tag durch deine Gasse, hat sie gesagt und ist ihrer Freundin auf dem Fuße gefolgt. Komm ruhig mit herein, hat ihre Freundin gesagt, und Klara durch eine Hintertür in ein ebenerdiges, mit einem großen Schaufenster ausgestattetes Lokal geführt, alles ist völlig authentisch. Klara hat das rot ausgeschlagene Schaufenster, das vergoldete Stühlchen und die diskrete, gleich neben dem Schaufenster befindliche Tür interessiert betrachtet und sich probeweise selber in die Auslage gesetzt. Und dieser Knopf hat den Männern früher die Tür geöffnet, hat ihre neue Freundin gesagt und Klara auf einen Knopf unterhalb der Stuhlkante aufmerksam gemacht. Klara hat mehrmals auf den Knopf gedrückt, aber die Tür ist selbstredend verschlossen geblieben. Ihre Freundin hat lächelnd den Kopf geschüttelt und Klara auf einen zweiten weitaus größeren Druckknopf gleich daneben hingewiesen. Hat mir ein befreundeter Elektriker zum Selbstkostenpreis gemacht, hat sie gesagt und dass dieser Knopf sozusagen das Herzstück ihres neuen Projekts ist. Betätige ich diesen Knopf, muss jeder, der nach der Türklinke greift, einen schmerzhaften Stromschlag hinnehmen. Klaras Bewunderung für solch einen Einfallsreichtum ist groß gewesen und sie hat den Erläuterungen ihrer Freundin interessiert zugehört, Speichelfluss, Glocke, elektrischer Schlag, hat diese mehrmals gesagt, Pawlowsche Hunde, du kennst das Experiment? Klara hat vage genickt, sich vorgenommen, abends alles darüber nachzulesen und sich von ihrer Freundin ins Hinterzimmer führen lassen. Es ist überraschend groß gewesen, war aber bis auf den letzten Platz mit Papierbögen belegt. Auf den Bögen haben sich farbige Linien gekreuzt und Klara hat ihre neue Freundin Rat suchend angeschaut. Hier werte ich alle meine Erkenntnisse aufs Penibelste aus, hat ihre neue Freundin gesagt und Klara die farbigen Linien auf den Papierbögen erläutert. Zu guter Letzt hat sie Klara eine Visitenkarte überreicht und Klara hat ihre Freundin mit neuen Augen betrachtet. Der Name war ihr durchaus geläufig und Klara hat sich glücklich geschätzt, solch eine Bekanntschaft gemacht zu haben. Du bist das also, hat sie gesagt, hab schon mehrmals gelesen von dir. Sie hat sich neugierig umgesehen und als ihr Blick auf einen Paravent im Hintergrund des Raumes gefallen ist, ist sie sogleich darauf zugegangen. Darf ich, hat sie gefragt und hinter den Paravent geschaut. Ein Mann ist dahinter gesessen und hat ferngesehen. Unter Klaras Blicken hat er sich tiefer ins Sofa gedrückt und unbehaglich die Schultern bewegt. Pardon, hat Klara gesagt und ist sogleich zurückgewichen. Ist schon in Ordnung, hat ihre Freundin gesagt, das ist bloß Sing, den ich für eine Weile hier bei mir habe. Ist das eigentlich deine richtige Wohnung, hat Klara gefragt und ihre Freundin hat genickt und eingestanden, dass ihr neues Kunstprojekt sie beinahe ruiniert. Im Augenblick muss ich hier auch wohnen, weil ich alles in mein neues Projekt investiere, hat sie gesagt, aber damit gelingt mir der Durchbruch, da bin ich ganz sicher. Weil

Klaras Sympathie für ihre neue Freundin groß gewesen ist, hat sie ihre Hilfe angeboten und ihre Freundin hat sogleich angenommen. Von mittags bis spät in die Nacht immer im Schaufenster zu sitzen, bringt mich tatsächlich an den Rand meiner Kräfte, hat sie gesagt, wenn du manchmal einspringen könntest, wäre ich dir über die Maßen dankbar. Sie hat Klara vom Kopf bis zu den Füßen gemustert und Bedenken wegen Klaras biederem Aussehen geäußert. Ich schminke mich, setze eine Perücke auf und ziehe vulgäre Kleider an, hat Klara aber beruhigend gesagt, selbstredend mache ich das. Lass mich wissen, wenn Not am Mann ist, hat sie gesagt und ihre Bedenken bezüglich Sam beiseite geschoben. Schon am nächsten Tag hat sie sich pünktlich bei ihrer neuen Freundin eingefunden und sich alles aufs genaueste erklären lassen. Was muss ich tun, hat sie gefragt, stark geschminkt und spärlich bekleidet im Schaufenster sitzen, hat ihre neue Freundin gesagt, nichts weiter. Falls einer nach der Türklinke greift, betätigst du den Druckknopf und vermerkst sodann das Vorkommnis in dieser Liste. Dann überträgst du alles auf die Papierbögen im Hinterzimmer, hat sie gesagt und den Kopf über Klaras Erscheinung geschüttelt. Sie hat passende Kleider herbeigeholt und Klara hat sich im Spiegel kaum wiedererkannt. Ich sehe grauenhaft aus, hat sie gesagt und versucht, ihren übermäßig kurzen Rock nach unten zu ziehen. Du siehst genau richtig aus, hat ihre Freundin aber gesagt, Klara mit einer Langhaarperücke versehen und ihr das Gesicht mit Schminke verkleistert. Außerdem erkennt dich so dein Sam nicht, hat sie gesagt, und der Familienfrieden bleibt erhalten. Klara hat ihrer Freundin zu verstehen gegeben, dass ihr der Familienfrieden herzlich egal ist und dass Sam ohnehin einen Denkzettel verdient. Dann hat sie sich probeweise ins Schaufenster gesetzt und sich über die Maßen unwohl gefühlt. Der Mechanismus, der die Türklinke unter Strom setzt, hat sich gänzlich unauffällig auslösen lassen und Klara hat mehrmals spaßeshalber auf den Knopf gedrückt. Hast du's schon einmal probiert, hat sie gefragt, hast du schon jemanden die Türklinke angreifen lassen? Dein Vorhaben sozusagen am lebenden Objekt erprobt? Ihre Freundin hat einräumen müssen, dass sie das bisher versäumt hat und sich selber zur Verfügung stellen wollen. Selbstversuche haben eine lange Tradition, hat sie gesagt, die wahre Kunst schreckt auch vor Selbstversuchen nicht zurück, hat sie gesagt und die Türklinke fest umklammert gehalten. Sie hat Klara aufgefordert, den Knopf zu drücken, aber Klara ist außerstande gewesen, ihrer Freundin vorsätzlich Schmerz zuzufügen. Was ist mit deinem stummen Gast hinter dem Paravent, hat sie gefragt, an ihm könnten wir's doch versuchen, oder? Ihre Freundin hat Sing sogleich zu sich gerufen und ihn angewiesen, die Klinke festzuhalten. Woher kommt er, hat Klara gefragt, während Sing zögernd seine Hand ausgestreckt hat, von den Philippinen, hat ihre Freundin gesagt und Sing ermunternd zugenickt. Klara hat den Druckknopf betätigt und Sing ist sogleich mit schmerzverzerrtem Gesicht zurückgetaumelt. Klappt hervorragend, hat ihre Freundin gesagt und noch diverse Verbesserungen an Klaras Aussehen vorgenommen. Abends hat Klara ein wenig über Pawlow und seine Versuche an Hunden recherchiert und erneut den Einfallsreichtum ihrer Freundin bewundert. Wird später heute, Schatz, hat Sam in den folgenden Tagen an jedem Morgen gesagt, im Büro ist die Hölle los, aber du hast ohnehin zu tun, nicht war? Klara hat genickt und sogleich von ihren Fortschritten im Aquarellkurs erzählt. Unser Lehrer plant einen Ausflug ans Meer, hat sie gesagt, dort werden wir lernen, wie man aquarelltechnisch bei Ebbe an die untergehende Sonne herangeht. Wunderbar Schatz, hat Sam geistesabwesend gesagt, da musst du unbedingt mit. Dann hat er eilends das Haus verlassen und Klara hat ihm von Fenster aus nachgesehen. Sobald er außer Sichtweite war, hat sie sich auf den Weg zu ihrer Freundin gemacht. Sie hat sie mit Arbeit überhäuft gefunden, die kompliziertesten Vorbereitungen sind noch zu treffen gewesen und ihre Freundin hat nicht gewusst, wo ihr vor Arbeit der Kopf steht. Alles muss Hand und Fuß haben und minutiös aufgezeichnet sein, hat sie gesagt und Klara gebeten, mit Sing ein wenig nach draußen zu gehen. Er braucht frische

Luft, hat sie gesagt, er verkümmert mir noch hinter dem Paravent. Klara hat Sing also rund um den Häuserblock geführt und sich mit ihm stockend auf Französisch unterhalten. Um die Mittagsstunde hat sie ihr viel zu enges Kleid angezogen, die Langhaarperücke aufgesetzt und ihren Platz im Schaufenster eingenommen. Ihre Freundin hat ihr nochmals haarklein erklärt, worauf Klara zu achten hat und dass vor allem die Tabellen richtig ausgefüllt sein müssen. Sie sind das Herzstück meines Projekts, hat sie gesagt, hier in dieser Spalte trägst du ein, wie viele stehen bleiben, hier, wie viele näher kommen und Blickkontakt aufnehmen, hier, wie viele den Türknopf berühren und einen elektrischen Schlag einstecken müssen. Klara hat alles mehrfach repetiert und ihre Freundin hat sie beschworen, allergrößte Sorgfalt an den Tag zu legen. Es muss alles authentisch sein, hat sie gesagt, jede Bewegung auf dem Papier muss zuvor tatsächlich ausgeführt worden sein, sonst ist mein Projekt hinfällig. Wie nennst du es eigentlich, hat Klara gefragt, Pawlowsche Hunde, wie sonst, hat ihre Freundin gesagt. Dann hat sie letzte Hand an Klaras Erscheinung gelegt und Klara hat ein Seufzen nicht unterdrücken können. Sie ist ins Schaufenster geklettert, hat sich auf dem unbequemen Sessel so gut wie möglich zurecht gesetzt und sich äußerst unbehaglich gefühlt. Aber sie hat den ganzen Nachmittag und Abend tapfer ausgeharrt, während ihre Freundin sich an ihren Tabellen und Papierbögen zu schaffen gemacht hat. Als Klara Sam gegen Abend am Ende der Gasse auftauchen hat sehen, ist sie für einen Moment in Panik geraten, hat sich dann aber gezwungen, ruhig sitzen zu bleiben. Aus den Augenwinkeln hat sie registriert, dass er seinen Schritt verlangsamt und den Atem angehalten. Aber dann hat er seine Schritte wieder beschleunigt und sie hat erleichtert aufgeatmet. Als ihre Freundin sie endlich abgelöst hat, hat Klara ihr beschämt eine vollkommen leere Tabelle präsentieren müssen. Kein einziger hat nach der Türklinke gegriffen, hat sie gesagt und ihre Freundin hat unzufrieden den Kopf geschüttelt und Klara kritisch gemustert. Ein klein wenig mehr Offenherzigkeit wäre die halbe Miete, hat sie gesagt und an Klaras Ausschnitt gezupft und gezerrt. Klara hat gesagt, dass schließlich noch kein Meister vom Himmel gefallen ist und ihre Freundin um etwas Geduld gebeten. In den nächsten Tagen ist sie von mittags bis abends im Schaufenster gesessen, aber weiter völlig erfolglos geblieben. Ihre Freundin hat ihr die schlimmsten Vorhaltungen gemacht und behauptet, dass Klara ihr Projekt vorsätzlich sabotiert. Irgendwas machst du vollkommen falsch, hat sie gesagt, beinahe könnte man vermuten, dass du eben nicht der Typ für so was bist. Selbstredend bin ich der Typ für so was, hat Klara aber gesagt und ihrer Langhaarperücke zurecht geschoben. Sieh her, wie ich's mache, hat ihre Freundin gesagt und sich zu Demonstrationszwecken selber ins Schaufenster gesetzt. Sie hat einladend gelächelt, mit den vorübergehenden Männern durch die Glasscheibe kokettiert und schon nach kurzer Zeit hat einer nach der Türklinke gelangt. Sogleich hat sie den Druckknopf betätigt, die Türklinke unter Strom gesetzt und der Mann ist mit schmerzverzerrtem Gesicht zurückgetaumelt. Er hat mit eingezogenem Kopf das Weite gesucht und Klaras Freundin hat sich ausschütten wollen vor Lachen. In Klara hat sich Mitleid regen wollen und sie hat dem davonlaufenden Mann nachdenklich nachgeschaut. Wie von Furien gehetzt, hat sie sich gedacht und zugesehen, wie ihre Freundin alles penibel in ihre Tabelle eingetragen hat. Dann hat Klara ihren Platz im Schaufenster wieder eingenommen, beständig gelächelt und mit den vorbeistreifenden Männern durch die Glasscheibe kokettiert. Es ist sie hart angekommen, aber tatsächlich haben sich bald erste Erfolge eingestellt und im Laufe des Nachmittags haben mehrere der Passanten nach der Türklinke gegriffen. Als Sam in den Abendstunden vorbeigekommen ist, hat Klara ihre Augen aber gesenkt gehalten. In der Folge hat sie sich ihrer Freundin anvertraut und diese hat angeboten, Sam gesondert abzuwickeln. Weil wir Frauen doch zusammenhalten müssen, hat sie gesagt. Soll dein Sam einen Denkzettel kriegen, der sich gewaschen hat. Wenn du beide Schichten im Schaufenster übernimmst, kümmere ich mich darum, hat sie gesagt und nachdenklich auf ihre Tabellen geschaut. Sie hat davon gesprochen, Sam in ihr Projekt mit einzubeziehen und so Nägel mit Köpfen zu machen. Wie falle ich deinem Sam ins Auge, hat sie gefragt, wie mache ich am besten seine Bekanntschaft, was spricht ihn besonders an, erzähle mir alles darüber, hat sie gefragt, und Klara hat ihre Freundin mit zum Einkaufen genommen und dabei allergrößte Widerstände überwinden müssen. Und so was gefällt ihm, hat ihre Freundin gefragt und die knielangen Röcke, weißen steifen Blusen und Pullover nur mit äußerstem Widerwillen angezogen. Sehr, hat Klara gesagt, siehst gut darin aus. Sie hat ihre Freundin prüfend betrachtet und zufrieden genickt. Und diese grauenhaften Schuhe, wer kann mit solchen Schuhen überhaupt gehen, hat ihre Freundin gejammert und sich in den flachen, bequemen Schuhen tatsächlich über die Massen ungeschickt angestellt. Kann ich nicht wenigstens meine Schuhe weiterhin tragen, hat sie gefragt und verlangend auf ihre übermäßig hohen Sandalen geschaut. Nichts da, hat Klara gesagt, das sieht billig aus, und Sam legt Wert auf allergrößte Dezenz. Wann verlässt dein Sam das Haus, wann kommt er zurück, hat Klaras Freundin gefragt, welchen Weg nimmt er ins Büro, geht er zu Fuß oder fährt er mit dem Auto, hat sie gefragt und sich alles notiert. Geht zu Fuß, hat Klara gesagt, ist aber morgens voll und ganz mit den Problemen, die ihn an seinem Arbeitsplatz erwarten, beschäftigt und nicht ansprechbar. Abends ist es ein klein wenig besser, da ist er entspannter. Wie mache ich am besten seine Bekanntschaft, hat ihre Freundin gefragt, im Fitnessstudio, hat Klara gesagt, dort ist er dreimal die Woche. Heimlich hat sie bei sich gedacht, dass die Dinge eine Wendung genommen haben, die ihr nicht wirklich behagt, und ihre Freundin besorgt betrachtet. Du musst dich in keiner Weise beunruhigen, hat ihre Freundin aber sogleich gesagt, als hätte sie Klaras Gedanken gelesen, dies hier und auch alles andere ist bloß Teil meines neuen Projekts, halte dir das immer wieder vor Augen. Alle Ergebnisse, die deinen Sam betreffen, werden im Herbst auf großen bunten Papierbögen in der renommiertesten Galerie der Stadt zu sehen sein, hat sie gesagt und sich mit Feuereifer an die Erstellung einer weiteren Tabelle gemacht. Wie wirst du es nennen, hat Klara gefragt, Sams Versuchung vielleicht, hat ihre Freundin wie aus der Pistole geschossen gesagt, aber sogleich unzufrieden den Kopf geschüttelt. Viel zu plakativ, hat sie gesagt und nachdenklich an Klara vorbei aus dem Fenster geschaut. Wie heißt der Kadaver, den die Pferde bei Fuchsjagden hinter sich herziehen, hat sie gefragt und Klara hat die Antwort sogleich parat gehabt, denn Sam ist ein passionierter Jäger. Weil seine Jagdprüfung noch nicht allzu lange zurückliegt und Klara mit ihm gelernt hat, ist ihr auch die Jägersprache noch gänzlich geläufig gewesen. Luder, hat sie also wie aus der Pistole geschossen gesagt, der Kadaver, den die Pferde bei Fuchsjagden hinter sich herziehen, heißt Luder. Ausgezeichnet, hat ihre Freundin gesagt, ich nenne diesen Teil meines Projekts also ‚Luder'. Dann hat sie verkündet, dass sie sich gleich morgen an Sam heranmachen wird und Klara gebeten, beide Schichten im Schaufenster zu übernehmen. Außerdem müsstet du dich ein wenig um Sing kümmern, hat sie gesagt, er vereinsamt mir gänzlich hinter dem Paravent. Tatsächlich hat Klara ihre Freundin in den nächsten Tagen nicht allzu oft zu Gesicht bekommen und ist gänzlich auf sich allein gestellt gewesen. Bald hat ihr ihre Freundin aber von ersten Erfolgen berichten können, ich kenne deinen Sam schon, hat sie ihr nach erstaunlich kurzer Zeit mitgeteilt. Wie hast du's angestellt, hat Klara gefragt, aber ihre Freundin ist bereits mit Eintragungen in die entsprechende Tabelle beschäftigt gewesen und hat sich bedeckt gehalten. Ich bin, was deinen Sam betrifft, auf Erfolgskurs, hat sie gesagt und Klara erneut gebeten, sich ein wenig um Sing zu kümmern. Er sieht zu viel fern, hat sie gesagt, er ist schon ganz hohläugig, mach einen langen Spaziergang mit ihm. Abends ist Sam geistesabwesender denn je gewesen und Klara hat ihn mit scheelen Augen betrachtet. Ist was, Schatz, hat Sam endlich gefragt, nein, was soll sein, hat Klara gesagt und sich in der Küche zu schaffen gemacht . Heute wird's besonders spät, hat er am nächsten Morgen gesagt, im Büro ist die Hölle los, warte abends nicht auf mich. Werde ich deinem Sam in diesem grässlichen Aufzug wohl gefallen, hat ihre Freundin noch am selben Tag gefragt und sich schon fertig zum Ausgehen präsentiert. Sie hat eine neue steife weiße Bluse und einen kniebedeckten Rock getragen und ist seufzend in flache, bequeme Schuhe geschlüpft. Dies ist nun ein Selbstversuch, der wahrlich bis an die Grenzen geht, hat sie gesagt und Klara erneut gebeten, sich um Sing zu kümmern. Klara war wieder einmal zur Gänze auf sich selbst gestellt, ist eine Weile im Schaufenster gesessen, hat es aber nicht über sich gebracht, mit den vorbeistreunenden Männern Blickkontakt aufzunehmen. Schließlich hat sie beschlossen, sich heute frei zu geben, hat Sing hinter seinem Paravent hervorgeholt und ihn aufgefordert, mit ihr nach draußen zu kommen. Wir beide machen jetzt einen hübschen langen Spaziergang, hat sie gesagt, du brauchst ein wenig Frischluft. Sing hat sie unsicher angelächelt und Klara hat ihn in der Folge kreuz und quer durch die Stadt geschleppt. Ich komme ausgezeichnet voran bei deinem Sam, hat ihr ihre Freundin abends berichtet und sich sogleich an ihren Tabellen zu schaffen gemacht. Morgen werde ich ihn in ein Lokal lotsen und du stößt in der Folge dazu und machst ihm coram publico eine Szene, die sich gewaschen hat, hat sie gesagt und Klara hat ihre Freundin mit scheelen Blicken betrachtet. Die aber hat Klaras Bedenken mit einer Handbewegung zur Seite geschoben und die Freiheit der Kunst ins Treffen geführt. Heute wird's später, hat Sam am nächsten Morgen ganz wie erwartet gesagt, im Büro ist die Hölle los. Schon gut, hat Klara gesagt und sich in der Küche zu schaffen gemacht. Wie geht's im Aquarellkurs, wart ihr schon am Meer, hat Sam gefragt, nein, aber wir fahren demnächst, hat Klara gesagt. Noch am selben Abend hat Klara die Nachricht von ihrer Freundin erreicht. Es ist soweit, hat sie ihr per SMS geschrieben, triff uns in der Bar des Intercontinental, wir sitzen ganz hinten. Tatsächlich hat Klara ihre Freundin und Sam wie verabredet vorgefunden und Sam hat vergebens versucht, sich zu verteidigen. Er hat eine erbarmungswürdige Figur gemacht, sodass Klara eine mitleidige Regung nicht unterdrücken hat können. Als er schließlich wie von Furien gehetzt, aus dem Lokal gerannt ist, hat ihr ihre Freundin anerkennend zugenickt. Tadelloser Showdown, hat sie gesagt, die Sam betreffende Tabelle aus der Handtasche gezogen und die neuesten Vorkommnisse aufs Penibelste vermerkt. In den nächsten Tagen hat sich Sam nirgendwo sehen lassen, er ist auch nicht in die gemeinsame Wohnung zurückgekehrt und Klara hat sich zu fragen begonnen, ob sie nicht doch zu weit gegangen ist. Sie hat ihre Bedenken ihrer Freundin vorgetragen, die sie aber beruhigt und Klara davon überzeugt hat, dass alles bestens ist. Du wirst sehen, früher oder später kommt er wieder angekrochen und frisst dir, zumindest für eine Weile, aus der Hand, hat sie gesagt und Klara aufmunternd auf die Schulter geklopft. Dann hat sie ihr Sing angeboten. Nimm ihn für eine Weile zu dir, hat sie gesagt, zumindest solange dein Sam weg ist, er bringt dich auf andere Gedanken und ist der angenehmste Gesellschafter, den man sich denken kann. Ich brauche ohnehin mehr Platz für meine Tabellen, hat sie gesagt, mein Projekt nimmt langsam Gestalt an. Klara ist nach einigem Zögern einverstanden gewesen und hat Sing mit in ihre Wohnung genommen. Dort hat er sogleich Posten vor dem Fernsehgerät bezogen und sich nicht mehr von der Stelle gerührt. So wäre alles aufs Schönste geregelt gewesen, wenn Sam Klara nicht noch am selben Abend über den Weg gelaufen wäre. Sie hat sogleich gesehen, dass Sam blass und in sich gekehrt war und sein waidwunder Blick hat ihr zu denken gegeben. Er hat ihr den Weg vertreten und gesagt, dass er ihr alles erklären kann. In der Folge ist er neben ihr hergegangen und hat sich nicht abschütteln lassen. Ich brauche Unterlagen aus meinem Schreibtisch, hat er gesagt, ich komme mit dir in die Wohnung. Klara hat an Sing auf dem Sofa denken müssen und sich abweisend gegeben, aber Sam hat sich an Klaras Fersen geheftet und hinter ihr die Wohnung betreten. Sing hat sich erschreckt auf dem Sofa aufgerichtet und dem fremden Mann mit weit geöffneten Augen entgegengestarrt. Die Fernbedienung ist ihm entglitten und er hat sich schutzsuchend in die Sofaecke gedrückt. Wer um Himmels willen ist das, hat Sam gefragt, das ist Sing, der Freund einer Freundin, hat Klara gesagt. Sie hat hinzugefügt, dass alles anders ist als es aussieht, aber da ist Sam schon dabei gewesen, seinen Koffer zu packen. Klara hat mit Engelszungen auf ihn eingeredet, aber Sam ist gänzlich unzugänglich geblieben. Er hat sich wortlos zum Gehen gewandt, hat sich in der Tür nochmals umgedreht und Klara mit seinem waidwunden Blick bedacht. Dann hat sie ihn die Treppe hinunterlaufen hören, sich aus dem Fenster gebeugt und ihn mit den Augen verfolgt. Er ist schnell und mit gesenktem Kopf die Straße entlanggegangen, wie von Furien gehetzt, hat sich Klara gedacht und ihn bald aus den Augen verloren. Dann hat sie zum Telefon gegriffen, um ihre Freundin von der neuesten Entwicklung der Dinge in Kenntnis zu setzen.

WOLFGANG POLLANZ

hand anlegen

„Me, myself and I."
De La Soul

Masturbation - my own civil war
(while you tiptoe around my indian)
Adam Green

Als ich mir das erste Mal einen runter holte, war ich gerade zehn Jahre alt geworden und wäre dabei fast in Ohnmacht gefallen. Ich habe noch den Geruch der Toilette in meiner Nase, ich sehe das helle Licht, das durch ein großes Milchglasfenster aus dem Park des Knabeninternats hereinfiel, und ich erinnere mich an dieses großartige Gefühl, das von meinem jungfräulichen Schwanz ausgehend meinen gesamten Körper erfasste, mir von den Haarwurzeln bis zu den Zehen wie ein elektrisierendes Schaudern durch und durch ging, und dass mir für einen kurzen wunderbaren Augenblick dieses Gefühl so sehr in den Kopf stieg, dass ich glaubte auf der Stelle den Verstand zu verlieren. Einer meiner Mitschüler hatte nach einem Wochenende ein Heft mitgebracht, ein Heft von seinem Vater, einem älteren Bruder, einem Onkel, ich weiß es nicht mehr, aber das Heft war vierfärbig und zeigte vor allem eines: nackte Frauen in den verschiedensten Posen. Auf dem Foto, das es mir besonders angetan hatte und mir diesen Zustand der wundervollen Fast-Ohnmacht bescherte, war eine üppige Blondine mit großartig vollen Brüsten, riesigen Brustwarzen und durchsichtiger weißer Spitzenunterwäsche zu sehen. Auch wenn ich mich in dieser Hinsicht im Laufe meines Lebens weiter entwickelt habe, ist diese üppige Blondine bis heute der Prototyp all meiner Wichsvorlagen geblieben.

Ach, was war das doch für eine Aufregung damals, dieses erste Mal. Ein Zittern ging durch die Luft, eine Gänsehaut überlief meinen Körper und ich verspürte Wonnen wie ich sie noch nie zuvor gekannt hatte. Mein Schwanz, den ich bis dahin einzig als lästiges Anhängsel wahrgenommen hatte, konnte auf einmal unvergleichliche Freude machen, und wenn ich vormittags während des Unterrichts, der mich manchmal langweilte, dann wieder deprimierte und nur selten wirklich interessierte, an mein tägliches Amüsement dachte, wurde er auf der Stelle steif und ich musste mich wirklich sehr zusammennehmen, dass ich nicht mitten im Unterricht während einer Latein- oder Geographiestunde zu wichsen begann. Manchmal genügte bereits eine bestimmte Sitzposition, in der die Hose ein bisschen an der Eichel rieb, dass ich kurz davor war abzuspritzen. Leichte, kaum merkbare Bewegungen, und schon platzte ich vor Geilheit; einzig die Angst vor einem feuchten, verräterischen Fleck auf der Hose hielt mich in solchen Situationen davon ab zum Höhepunkt zu kommen. Ein Kollege von mir, er war Kärntner und hatte seltsame Angewohnheiten, hat sich einmal in der letzten Bankreihe während einer Französischstunde einen runter geholt. Ich selbst bekam nicht mit, dass er das getan hatte, wozu ich immer zu feig gewesen war. Kolportiert und hochheilig als wahr beschworen wurde es von mindestens zwei Mitschülern, die ihm an diesem Tag zur linken und zur rechten Seite gesessen waren. Der Kärntner, nennen wir ihn Josef, war bald nur mehr bekannt als der Bub, der sich in Französisch einen gewichst hatte; und obwohl er es in der Französischstunde getan hatte, nannten wir ihn von da an zuerst Giuseppe Masturbani, später, weil es zu lang war und irgendwie auch in Vergessenheit geriet, hieß er nur noch Bani, und ich glaube, den Spitznamen hat er noch heute.

Ich selbst mied die Öffentlichkeit so gut es ging, und selbst wenn ich es wie Bani während einer Schulstunde getan hätte, wäre ich der einzige geblieben, der davon gewusst hätte (abgesehen vom Fleck in der Hose, den ich erklären hätte müssen). Niemals wäre es mir eingefallen mich an einer dieser Gruppenwichsereien auf den Schultoiletten zu beteiligen, von denen in den Pausen gemunkelt wurde. Was machen die dort, fragte ich mich. Maßen sie sich in Schnelligkeit, Spritzweite oder Spermamenge? Das alles war mir völlig egal, das waren Kriterien ohne jegliche Relevanz für mich, mir persönlich ging es dabei um die pure Lust, und die war und ist nur schwer zu messen und meine ganz persönliche Angelegenheit, die niemanden, wirklich niemanden etwas angeht. Warum nur mussten die so etwas Intimes öffentlich und mit anderen gemeinsam machen? Was treibt einen überhaupt dazu, so etwas zu tun, sich öffentlich zu outen, seine Geheimnisse preiszugeben? Ich kann bis heute nicht verstehen, was all die Menschen hineinzieht in all die Talkshows, wo sie ihre intimsten Bekenntnisse und Privatheiten breit treten vor Kameras und Publikum. Mir fiele so etwas niemals ein, nie und nimmer.

Ich wichste immer heimlich, still und leise. Nicht dass ich manchmal wenigstens ein Stöhnen hinauspresste oder ziemlich oft am liebsten hinausgeschrien hätte, wenn ich kam und so geil war, dass mein Schwanz minutenlang pochte und das Sperma mit einer Wucht spritzte, dass ich bestimmt Weitenrekorde aufgestellt hätte, wenn ich mich an solchen Wettbewerben beteiligt hätte, doch im Großen und Ganzen blieb es zunächst ein heimliches Laster. Abends, wenn die Erzieher im Internat in den Zimmern die Lichter gelöscht hatten, lagen wir in unseren Betten und träumten uns aus der engen Welt, in der wir zwischen Unterricht, Studierstunde und gemeinsamer, meist geregelter Freizeit lebten, in unsere eigenen Phantasiekosmen, in denen wir mit Winnetou und Old Shatterhand ritten, mit Ralf, dem Wikinger, Abenteuer in orientalischen Ländern bestanden oder mit den Kinks und den Rolling Stones durch die Carnaby Street liefen, auf imaginären Bühnen standen und meisterhaft die Luftgitarre spielten. Bevor ich mich allerdings all diesen Wachträumen widmen konnte, musste ich den Kopf zuerst frei machen von all den Lateinvokabeln, pythagoreischen Lehrsätzen, den Mendelschen Gesetzen, den Schlachten aus dem Geschichteunterricht und den Balladen von Fontane und Schiller; aber auch von all den Gedanken, die der Priester, der uns in dieser Zeit den heiligen katholischen Religionsunterricht erteilte, als sündige bezeichnete, die Gedanken an die Hochglanzbilder aus den Magazinen, die im internatlichen Untergrund kursierten, an die Nylonstrümpfe der Küchenmädchen in ihren schwarzen Uniformen mit den weißen Schürzen und an die Sekretärin aus der Direktionskanzlei, deren Miniröcke so kurz waren, dass man - hatte man das Glück zur rechten Zeit am richtigen Ort zu sein - ihr weißes Unterhöschen sehen konnte, wenn sie die steile Stiege zu ihrem Büro hochging. Überhaupt war die Blondine aus dem Sekretariat eine Zeitlang unsere Göttin; sie fuhr einen roten Mini Cooper und kleidete sich wie ein Londoner Fotomodell, das mit den Who, den Small Faces oder anderen angesagten Gruppen rummachte; und was alles erzählte man sich unter uns Zöglingen über sie! Dass sie auf einer Orgie gesehen worden sei, dass sie ein Verhältnis mit einem der Professoren habe, dass sie schlechthin die Sexgöttin der Stadt war, die es mit jedem trieb, und wenn es sich ergeben würde, wohl auch mit einem von uns. Es gab Mitschüler, die dachten sich alles Mögliche aus, nur um in die Direktionskanzlei gehen zu dürfen, wo man einen kurzen Blick auf ihre Beine erhaschen konnte, einen Augenblick der Erregung nur und schon gab es Stoff genug für hunderte geile Phantasien. All das lud sich tagsüber auf und wollte nächtens aus unseren jugendlichen Körpern heraus. Und weil man einsam in seinem Internatsbett liegend nicht wusste, wohin mit dem Saft, der einem aus dem jugendlichen Schwanz spritzte, musste meist der Wandschoner herhalten, der das Zimmer ein wenig freundlicher machen sollte, in Wahrheit jedoch von Morgen zu Morgen, wenn die Angelegenheit vom Vorabend eingetrocknet war, steifer und unansehnlicher wurde. Gewaschen wurde er einmal im Jahr während der Ferien, und im nächsten Jahr wechselte man dann das Zimmer oder das Stockwerk oder das Gebäude (es gab insgesamt drei, in aufsteigender Hierarchie) und ein anderer lag dann in diesem Bett und wichste in den Wandschoner.

Wenn ich an den Wochenenden und während der Ferien zu Hause war, zog ich mich meist in die Toilette zurück, damit ich meine Ruhe hatte. Manchmal versteckte ich eine Wichsvorlage, die ich in irgendeinem Heft gefunden hatte, unter dem Pullover. Ich kann mich noch heute daran erinnern, wie es furchtbar gerochen hat, während ich mich an einem Bild von Raquel Welch im weißen Bikini oder an einem Hochglanzfoto aus einem FKK-Magazin aufgeilte. Im Prinzip gibt es ja keinen Ort, an dem man es nicht machen könnte: Ich habe es schon getan in Umkleidekabinen, Kinos, Stiegenhäusern, Peepshows, Hotelzimmern, Ämtern nach Dienstschluss, Autos und in Flugzeugtoiletten. Stets war ich allerdings darauf bedacht, es so zu bewerkstelligen, dass keiner etwas merkte; sollte das doch passiert sein, dann nur weil ich vielleicht manchmal etwas unvorsichtig war; Absicht war es keine, es wäre mir zu peinlich, meine Leidenschaft öffentlich zu zeigen.

Natürlich hat es auch Zeiten gegeben, in denen ich versuchte, mich in Enthaltsamkeit zu üben. Alles Mögliche hat man uns damals erzählt: Dass vom Wichsen das Gehirn und das Rückenmark aufgeweicht werden würden; dass man die furchtbarsten Krankheiten davon bekommen könnte; dass man später nicht mehr im Stande wäre, Kinder zu zeugen; dass man nicht mehr weiter wachsen würde; und dass man Ringe unter den Augen bekäme … die Ringe unter den Augen waren überhaupt das schlimmste. Ständig schaute ich mich in Spiegeln an, ob ich nicht schon wieder diese verdammten Ringe unter den Augen hätte, und fragte mich, ob die anderen Menschen, die ja auch wissen mussten, dass man vom Wichsen diese speziellen Kainsmerkmale bekäme, etwas merken würden. Bildete man sich das nur ein, dass die Ringe schon wieder dunkler waren als am Vortag, oder war es wirklich so; hatte ich es schon wieder übertrieben, weil ich mir am Morgen vor dem Frühstück einen herunter geholt hatte, einen während der Studierstunde und einen abends vor dem Wandschoner? Ganz bestimmt trug ich dieses Zeichen in meinem Gesicht, violette Ringe unter den Augen hatte ich von all dem vielen Wichsen. Und dann war da noch dieser Pfarrer, den ich ganz gut leiden konnte als Lehrer; hatte der nicht von der Sünde gesprochen, von der Selbstbefleckung, die unserem Herrn gar nicht gefiel? Musste ich das beichten, wenn ich die Heilige Kommunion zu mir nehmen wollte, weil der Leib Christi sonst von diesem sündigen Leib gleich wieder abgestoßen werden würde? Aber da würde alle Reue nichts helfen, denn die Gedanken waren trotzdem immer fort da, die ganze Zeit, Tag und Nacht waren sie da, diese Gedanken, alles, was man sich vorstellen konnte, Nacktheit überall, nackte Mädchen in der Internatsküche, nackte Frauen in der Straßenbahn, und die nackte Sekretärin aus der Direktionskanzlei, bekleidet nur in weißen Stiefeln und einem weißen Spitzenhöschen, und ihre vollen geilen Brüste schwappten auf und ab und auf und ab, und schon suchte ich mir wieder ein stilles Plätzchen, rieb ein paar Mal meinen dicken steifen Schwanz, der durch das viele Wichsen zu einem wahren Monstrum herangewachsen war, und spritzte ab, egal wohin, in den Wandschoner, in ein Taschentuch, in die Klomuschel oder in die Unterhose. Irgendwann einmal in meinen ersten Onanistenjahren entdeckte ich auf meinem Penis seltsame Pickel. Die Vorhaut, alles war übersät von diesen kleinen, ekeligen Symptomen, die, wie ich überzeugt war, von der ewigen Wichserei kommen mussten, ich hatte eine Geschlechtskrankheit bekommen, Krebs, den Schwanzaussatz, irgend etwas völlig Abstruses, das außer mir nur ganz wenige Menschen in der Welt hatten, wahrscheinlich bloß jene, die ähnlich exzessiv onanierten wie ich selbst, und denen, genau wie mir, über kurz oder lang der Schwanz einfach abfallen würde. Damals hatte ich es mir ganz fest vorgenommen, es endlich bleiben zu lassen, aber da lag dann - es war ein einsames Wochenende im Internat, an dem ich als einer der wenigen nicht nach

Hause gefahren war - plötzlich dieses Cover von Jimi Hendrix' Electric Ladyland auf dem Tisch des Studierzimmers, auf dem Umschlag waren nichts als nackte Frauen zu sehen, die rekelten sich da ganz ungeniert und ließen sich so fotografieren, als wären sie nur geschaffen worden für einen ständig geilen Jugendlichen, der neben der Musik nur eine einzige Leidenschaft kannte, die Masturbation in allen ihren bekannten Formen. Vom guten Vorsatz ist von da an nicht viel übrig geblieben, wie überhaupt meine religiöse Phase, in der ich dem wirklich netten Pfarrer zuliebe sogar zur Messe ging, nur von kurzer Dauer war. Die Kirche war mir einfach zu restriktiv, was meine sexuellen Vorlieben und Praktiken betraf. Die Phase der Enthaltsamkeit dauerte nur kurz, war nichts weiter als eine kurzzeitige Verirrung. Und auch die Schwanzpickel stellten sich nach dem Besuch eines Arztes als völlig harmlose, spätpubertäre Talgwimmerl dar.

Mich für längere Zeit von der Einsamkeit der Onanie wegzubringen schaffte nur eine, nämlich Malvine. Wie und wo wir uns zum ersten Mal getroffen haben, tut nichts zur Sache, es wird nicht anders gewesen sein wie bei unzähligen anderen ersten Lieben, irgendwo in einer Diskothek, in einem Jugendclub oder in einem Schulhof. Sagen wir, dass es ein Schulhof war, einer von Millionen Schulhöfen auf dieser Welt, umgeben von einem grauen Gebäude, das aussieht wie alle anderen Schulgebäude dieser Welt, sowie von einer Bushaltestelle und einem Sportplatz auf der anderen Seite. Dort in diesem Ambiente spielen sich all die kleinen Dramen ab, die sich millionenfach auf allen Schulhöfen dieser Welt wiederholen, Blicke, schweißige Hände, Herzklopfen, erste scheue Berührungen. Natürlich werde ich jetzt hier nicht die ganze Geschichte unserer Beziehung erzählen, aber es war eine wunderbare, intensive, großartige Geschichte, es war, als hätten wir nur auf einander gewartet und uns endlich gefunden. Nicht nur, dass wir geistig und ideell korrespondierten, wir taten es auch körperlich, denn wir hatten eine gemeinsame große Vorliebe für die Masturbation. Es gibt Menschen, die glauben, sie

sei nur ein jugendliches Vorstadium des eigentlichen Geschlechtslebens; dem kann ich nur entgegen halten, sie ist mehr, weit mehr. Und eigentlich war es Malvine, die mich dazu gebracht hat, mich nicht dafür zu schämen oder mich für einen Menschen mit einem unvollständigen Sexualleben zu halten, im Gegenteil! Kann es größere und tiefere Erfüllung geben als zwei Menschen, die es gemeinsam mit sich selber treiben und dann auch noch zum Höhepunkt kommen? Keineswegs möchte ich jetzt hier von all den Praktiken berichten, die wir uns gemeinsam erdachten, ich will ja nicht aus der Schule plaudern. Lassen Sie doch selbst ihre Fantasie spielen, stellen sie sich all die Orte vor, an denen man es gemeinsam machen kann, all die Techniken, all die Berührungen und körperlichen Höhepunkte, die dazu führen, einander Befriedigung zu schenken, tiefe, gemeinsame Selbstbefriedigung.
Leider war meine Beziehung zu Malvine nicht von Dauer, möglicherweise war sie doch etwas zu sehr auf sexuelle Aspekte aufgebaut. Wenn ich jetzt im Nachhinein darüber nachdenke, waren wir, abgesehen von unseren gemeinsamen Vorlieben, schon sehr unterschiedlich. Heißt es nicht, dass Gegensätze einander anziehen? Ich halte das zwar für eines der vielen unausrottbaren Klischees, auf Malvine und mich jedoch mag es ein bisschen zugetroffen haben. Ich werde ihr auf jeden Fall bis an mein Lebensende dankbar dafür sein, dass sie mich, was meine sexuelle Erweckung als bekennender Onanist betrifft, auf den rechten Weg geführt hat. Nachdem Malvine mich nach all den wunderbaren gemeinsamen Jahren verlassen hatte, erging es mir wie vielen, die eine Trennung hinter sich gebracht haben, ich fiel in ein tiefes Loch, ich machte Dinge, die ich sonst niemals getan hätte, ich war desorientiert und verzweifelt, befand mich auf dem Weg nach unten.
In dieser Zeit der Verwirrung habe ich möglicherweise Dinge getan, die ich heute eigentlich bereuen sollte. Nun, die Sache mit dem öffentlichen Onanieren auf dem Klagenfurter Bahnhof ist - zugegeben - etwas zu weit gegangen. Nach einer durchzechten Nacht am Wörthersee habe ich mich

einfach auf den Bahnsteig gestellt, wo der Frühzug die Pendler aus Villach, Spital an der Drau, Oberdellach und unzähligen weiteren namenlosen Kärntner Dörfern und Gebirgsweilern in die Landeshauptstadt brachte, habe mich entblößt und mir einen runter geholt. Ich betone, dass dies keineswegs eine Aktion gegen die Kulturpolitik des zu dieser Zeit im Klagenfurter Landhaus amtierenden Landeshauptmanns gewesen ist, obwohl es von einer Reihe von kleinformatigen Regionalblättern als solche ausgelegt worden ist. Von Ferkelei auf Kärntner Boden, war die Rede, von Besudelung der Heimaterde. Die Wahrheit war, dass ich beinahe von einer Gruppe von Forstarbeitern aus Arnoldstein, die sich auf dem Weg zu einer politischen Kundgebung anlässlich des Tages der Kärntner Einheit befanden, verprügelt worden wäre, bevor mich die Polizei in Gewahrsam nahm. Gewahrsam ist vielleicht etwas untertrieben, die Wachstube unweit des Klagenfurter Lindwurms war genauso wenig kuschelig wie die Beamten, und weil ich in dem Zustand, in dem ich mich nach dieser Nacht befand, alles andere als kooperativ war, ließen mich die aufrechten Kärntner in Uniform ihre Ablehnung nicht nur psychisch spüren. Mein Bruder ist in dieser Stadt ein bekannter Anwalt, und so bin ich aus der Sache relativ glimpflich heraus gekommen, auch wenn die ganze Geschichte mir und der Familie ziemlich peinlich war. Von da an ließ ich es ein wenig ruhiger in meinem Leben angehen, auch wenn ich die Trennung von Malvine noch immer nicht überwunden hatte. Um mich abzulenken, begab ich mich auf Reisen. Was soll ich sagen, auch wenn Städte wie Paris, Stockholm, New York oder Hongkong ihre Schönheiten und durchaus interessanten Seiten haben, die Hotelzimmer dieser Welt, in denen ich mir abends einsam mein kleines Wichsvergnügen gönnte, gleichen einander nicht nur in ihrer Einförmigkeit, sondern auch in ihrer Traurigkeit. Vielleicht sollte man einmal eine soziologische Untersuchung durchführen über all die Handelsreisenden, Manager und einsamen Touristen beiderlei Geschlechts, die in Hotelzimmern Hand an sich legen, um ein wenig Vergnügen und Erleichterung vor dem Einschlafen zu finden. Aber nicht nur die Hotelzimmer dieser Welt gleichen einander, auch die Peepshows unterscheiden sich nur in minimalen Nuancen. Natürlich habe ich auf meinen Reisen dann und wann potenzielle Sexualpartnerinnen kennen gelernt, und ab und zu waren es an den Hotelbars und Clubs wohl auch Partner des gleichen Geschlechts, mit denen ich zuerst getrunken habe, die ich aber dann in ihrer Einsamkeit alleine lassen musste, weil ich nun mal auf Wichsen mit Frauen fixiert bin. Manchmal waren es Partnerinnen, die gleich wie ich unter ihrer Einsamkeit litten, manchmal Frauen, die neugierig waren, was sie bei einem Typen wie mich erwarten würde, und einige Male habe ich mir auch professionelle Hilfe geholt. Wer viel auf Reisen ist, wird wissen, wovon ich spreche, von One-Night-Stands, kurzen, flüchtigen Begegnungen, von schnellen Abschieden in morgendlichen Hotellobbys. In all den Nächten allerdings, in denen man alleine in seinem Zimmer liegt, allein mit seinen Fantasien und Gedanken, entwickelt man im Laufe der Zeit die erstaunlichsten Techniken, und ich meine jetzt nicht nur die verschiedenen Arten von Griffen, die Faust, den Bihänder, die Rückhand oder den Eichelreiber. Vielleicht haben Sie Philip Roths Buch über den jungen Portnoy und seine Beschwerden gelesen; so weit wie dieser jüdische Junge, der eines Nachmittags auf dem Weg zur Bar Mizwa-Stunde hinter einer Reklametafel eine Leber vergewaltigte, die er extra für diesen Zweck in einem koscheren Fleischerladen kaufte, muss man nicht unbedingt gehen, aber Gleitmittel verschiedenster Art können ganz schön hilfreich sein. Nicht nur Vaseline bietet sich da an, auch Honig, Seife oder einfach nur lauwarmes Wasser aus einem Brausekopf tun das Ihre. Auf sonstige künstliche Hilfsmittel habe ich immer verzichtet, ich bin ein Verfechter des naturbelassenen Wichsens! Eichelvibratoren, Gummipuppen oder Blowjob-Simulatoren lehne ich prinzipiell ab; mir reichen meine Hand und meine Fantasien; Wichsen ist Abenteuer im Kopf!, darauf bestehe ich. Wo ich mit mir reden lasse, das sind die Stellungen; es muss ja nicht immer nur die Standardstellung sein, das ewige auf dem

Rücken liegen, zur Decke starren und dann die Augen schließen. Gut ist der Bauchreiber, der allerdings, macht man es mit einem Gleitmittel, ein wenig an eine Ultraschall-Untersuchung erinnert. Kann man das Penetrieren eines Kopfpolsters schon als Verstoß gegen meine Prinzipien sehen? Oder Sex mit einem Stuhl oder einem Sofa? In jungen Jahren habe ich doch auch in den Wandschoner gewichst. Was ich gar nicht mag, ist das Eierschaukeln. Es erinnert mich an das Gebimmel der Osterglocken in dem kleinen burgenländischen Dorf, in dem ich aufgewachsen bin. Und genauso ergeht es mir mit der Fußonanie. Wenn ich unbedingt Verrenkungen machen will, besuche ich einen Gymnastikkurs der Volkshochschule oder gehe in ein hinduistisches Kloster. Ich bin mehr für das Einfache, eine Faust genügt, und manchmal nehme ich ganz gerne beide.

Seit ich von meiner ausgedehnten Weltreise nach Hause zurückgekehrt bin, hat sich mein Leben stabilisiert und beruhigt; nur manchmal denke ich noch an Malvine zurück und all die schönen Erlebnisse, die wir gemeinsam hatten. Feste Beziehung hatte ich seither keine mehr, bloß einige lockere Verhältnisse. Aber wenn ich ganz ehrlich sein soll, ich habe gar keine Lust darauf mich noch einmal zu binden; mir genügt es, von Zeit zu Zeit ein wenig - nun, ich möchte es Anregung nennen - zu bekommen. In einer Zeit, in der man aus dem Internet alles, wirklich fast alles, was man sich an sexuellen Fantasien vorstellen kann, herunterladen kann, bin ich inzwischen allerdings mehr als gesättigt von all den Bildern, Videos und sonstigen virtuellen Angeboten. Schon lange geben mir all die Seiten nichts mehr mit ihren Titties, Cumshots, Mature Women oder Barely Legal Girls; ich möchte wieder den kleinen Kick spüren, den man bekommt, wenn man im wahren Leben sich aufgeilt an kurzen, geheimen Blicken auf ein Seidenhöschen, auf den weißen Träger eines Büstenhalters auf nackter Haut oder auf eine durchsichtige Bluse, die einem nur eine leise Ahnung dessen vermittelt, was sich dahinter verbirgt und einen zu Vorstellungen anregt, die man mit geschlossenen Au-

gen ablaufen lässt, während man sich ganz langsam und genussvoll einen herunter holt. Wie sehr langweilt mich doch all die Nacktheit, die einem ständig vorgeführt wird, und wie erregend ist es, sich das zu wünschen und vorzustellen, was letztlich unerreichbar bleibt. Wie und wo ich mir diese Anregungen hole, bleibt mein Geheimnis, aber glauben Sie mir, es wäre mir nichts peinlicher als die Vorstellung, dass man mich als Voyeur, als Spanner, als einen aufdringlichen alten Geilspecht wahrnimmt. Nein, ich bin diskret, erfreue mich an meinen kleinen, geheimen Gelüsten, und ich kann mir nichts Schlimmeres vorstellen als mich selbst und all die wunderbaren Frauen, denen ich täglich begegne, zu kompromittieren oder sie in eine verdrießliche Situation zu bringen.
Auch heute habe ich mir meine optischen Reize geholt und meine Fantasien angeregt, sodass mein Schwanz schon ganz rot und hart und glänzend ist und endlich zu seinem Vergnügen kommen möchte. Nachdem ich mich also entspannt auf mein Sofa gelegt habe, knöpfe ich jetzt meine Hose auf, ziehe meine Boxershorts runter, nehme meinen dicken Steifen in die Hand und beginne ihn langsam und zärtlich zuerst ganz leicht, dann immer heftiger zu streicheln und zu wichsen. Ich schließe meine Augen, vergesse alles um mich herum und bin ganz allein bei mir …

BIRGIT PÖLZL

Und Anna

Austausch. Erfahrung kann man ihnen nicht absprechen, in manchen Fällen auch Selbstlosigkeit, sag ich zu Anna. Karriere haben sie alle, die meisten haben Kinder und Frau. Sagt Anna, dass sie das nicht interessiere, weil sie eine Beziehung wolle, Gemeinsamkeiten: Hobbys, die man teile und so weiter, im Bett müsse es schon stimmen, das sei klar. Sage ich, dass das auch für mich eine Möglichkeit sei, aber erst in ein paar Jahren, jetzt wolle ich einmal leben (Stoff geben). Ich wolle mich spüren, dass ich auf der Welt bin. Was hinter der Hand ist, sei egal (was anderes).

Anna. Anna studiert Pädagogik, sie will an meiner Beziehungsfähigkeit feilen, weil das, was ich treibe, auf Dauer unbefriedigend sei. Anna und ich teilen uns eine Wohnung, zentral, $60m^2$. Anna ist o.k., ich mag ihre Großzügigkeit, ihr Gesicht. Anna hat ein großes Gesicht, alles an Anna ist groß, auch ihre Augen. Ich mag ihre Wimpern, ihren Geruch, ihre Gutmütigkeit. Anna steht mit beiden Beinen auf dem Boden, das ist für mich beachtlich, weil sie vom Land kommt und Landmenschen in der Stadt oft komisch krummbeinig werden, im Gehen, im Denken.

Annonce. Ich denke mich als Annonce und stelle mich als Annonce vor. Auch meine Ziele formuliere ich als Annonce. Das kommt immer gut an. Vor allem bei der Gruppe, die ich im Visier habe: 172, Idealmaße (das lasse ich anfänglich absichtlich vage, die Bitte um Präzisierung kommt wie im Vater Unser das Amen), einundzwanzig, lebhaft und dunkelhaarig, sucht erfahrenen Partner für gemeinsame Erfahrung. Die Ziele variiere ich, wünsche mir kompetenten Assistenzprofessor zur Bewältigung literaturtheoretischer Fragen oder einfühlsamen Therapeuten für nachhaltige Selbsterfahrung und so weiter.

Therapeuten. Von den Therapeuten wünsche ich Distanz. Auch wenn ich sie anmache. Mein Verschleiß an Therapeuten kann sich sehen lassen. Die meisten beenden das therapeutische Verhältnis, weil sie Auf Dieser Basis nicht arbeiten könnten. Wenn sie Auf Dieser Basis sagen, habe ich gewonnen. Ich kann sie dann verwandeln und auf die Weide treiben. Dabei wachsen ihre Gesichter ins Keusche und ich spaziere den Zaun entlang mit narbigen Armen. Ich streichle die neuen Gesichter mit meinem Verlangen: Eine Scheuheit liegt drauf, ein Flackern, die müssen so auf der Hut sein vor ihrer Sehnsucht, ihren Trieben, dass was Tänzelndes in die Gesichter kommt. Das finde ich sehr schön.

Tuch. Ein rotes Tuch bin ich den Frauen bis auf ein paar Ausnahmen. Ich treibe sie auf die Palme, weil ich der Libido sozusagen freien Lauf lasse. Warum ficken Sie sich nicht auch den Frust von der Seele, setze ich den Frauen auf der Palme noch nach. Das ist unterste Lade, das muss mir Anna nicht extra sagen. Die öffne ich manchmal, das ist wie in Bibione absichtlich auf Sandburgen steigen und grinsen und Entschuldigung sagen.

Jungfrau Maria. Meine Barmherzige Samariterin ist Anna. Sie zahlt die Miete für mich, wenn ich zu arg im Rückstand bin. Sie kocht für mich, meistens, nur wenn sie traurig ist über mich, kocht sie nicht, überhaupt nicht, dann isst sie woanders. Obwohl das Bild nicht stimmt, ich meine das Bild von der Barmherzigen Samariterin. Ich bin nicht überfallen worden und am Straßenrand liegen gelassen. Niemand ist an mir vorüber gegangen und hat Unterstützung verweigert. Im Gegenteil: die Hilfe hat sich an mich geheftet, seit Kindheit ist sie mir auf den Fersen. Ich nenne sie Barmherzige Samariterin, weil das besser klingt als Jungfrau Maria. Im Grunde hat Anna nämlich die Jungfrau Maria als leitendes Bild. Sie wird böse, wenn ich das sage, sage ich halt Barmherzige Samariterin.

Ja, ich habe Erfahrung. Es gibt zwei Gruppen von Helfern. Gruppe eins hat das System zum Feind. Nichts, das es sich nicht unter den Nagel reiße, niemand, den es nicht vereinnahme: dagegen wehrt sich Gruppe eins. Gruppe eins sammelt sich im Sozialen, da arbeitet sie im geschützten Bereich. Wir kämpfen für die Klienten, heften sie sich auf die Fahnen und meinen: gegen das neoliberale System. Oder beides. Die können ineffizient sein bis zum Gehtnichtmehr und für eine Person unendlich viel Geld ausgeben, obwohl die Erfolgschancen gegen Null laufen, wie bei mir zum Beispiel. Mit dieser Gruppe war ich überwiegend konfrontiert beziehungsweise sie mit mir. Gruppe zwei ist deutlich kleiner, die haben die Jungfrau Maria im Hirn oder im Herzen. Das Gute wollen sie auf die Erde bringen und rein wollen sie bleiben und ein bisschen erregt wollen sie sein. So ein sublimiertes Vorspiel mit dem Himmel. Zu denen gehört Anna. Freilich gibt es nicht nur die Gruppen eins und zwei, es gibt verschiedenste Verschneidungen.

Jagd. Ein wenig jagt mich Anna. Weil sie mir Halt geben will. Ein wenig jage ich sie. Weil ich sie begehre. Undeutlich, anders: da geht der Zug nicht einfach ab und ich sitze drin und fahre mit. Vielleicht weil sie so ganz zu Gruppe zwei gehört, mit der Jungfrau Maria im Kopf und im Herzen, oder weil wir uns die Wohnung teilen und ich nicht weglaufen kann wie bei den anderen. Vielleicht auch deshalb, weil sie vom Land kommt. Der Zug fährt wie gesagt nicht ab, obwohl ich mir das wünschte mit Frauen, ich schaue mir lesbische Filme gern an und masturbiere dabei. Beim Abwaschen bin ich ihr mit dem Zeigefinger über die Armbeuge gefahren, immer wieder. Da hat sie mich angeschaut, so komisch starr der Blick, als ob sie sich verbieten würde, was sie wünschte. Wetten, da ist eine Erregung über sie gelaufen. Sie hat mich abgeschüttelt und mit dem Abwaschwasser zu spritzen begonnen, bis alles nass war, die Kästen, der Boden.

Ich erzähle. Sagt der Professor, sag ich zu Anna, er gewänne Freuds Theorie zur weiblichen Sexualität etwas ab. Stell Dir vor, das gibt es heut noch, dass einer einfach sagt, Mädchen fühlten sich zu kurz gekommen, in direktem Sinn jetzt, nur mit Stummel also, ohne Schwanz, und entwickelten deshalb Schwanzneid, die Armen. Da bin ich aufgestanden und hab gefragt, ob er noch alle beisammen habe und wie weit weg vom Fenster er eigentlich sei. Dass die Theorie zur weiblichen Sexualität schon mehr als angegraut und so was von widerlegt sei. Ob er einen Überblick über die Rezeption geben könnte, vor allem die Positionen, die die Theorie zur weiblichen Sexualität widerlegt hätten, interessierten. Den bösen Blick und Bedauern hat er sich aufgesetzt: dass es wohl einige gäbe, die die Voraussetzung für eine akademische Laufbahn nicht hätten. Auf gekränkte Seele hat er gemacht, mit hängenden Gesten Christine Olivier angeführt, klar hat er eine genommen, die im Freudschen Denksystem bleibt, nur mit umgekehrten Zeichen, Busen- statt Penisneid. Wetten, die Olivier hat der Professor absichtlich angeführt, um zu implizieren, dass Freuds Theorie zur weiblichen Sexualität noch immer das stringenteste sei.

Irritation. Anna lacht. Sitzt auf der Couch, neben mir. Richtet sich auf, küsst mich. Auf den Mund. Weich, trocken, geschlossene Lippen. Normal halt: besondere Anerkennung. Bleibt eine Spur zu lang. Öffnet meinen Mund für einen Moment ohne einzudringen. Erregt mich, läuft mir über. Ich sitze starr, Anna zuckt, rückt weg. Ist still, lacht wieder, unsicher. Ich strecke die Beine.

Ich beobachte Anna. Ich schau ihr beim Kochen zu, wie sie Salat wäscht und sich die Haare mit hochgezogener Achsel aus dem Gesicht wischt. Anna hat aschblondes Haar. Anna hat breite Schultern und sehr schöne Achseln. Die Schultern beschließen sie, runden sie in vollendeter Linie. Ich schneide Tomaten, zupfe Basilikumblätter. Die Vorliebe für frisches Basilikum ist eine der raren Gemeinsamkeiten, die wir haben. Wir ziehen zwei Stöcke auf einem Tischchen neben dem Fenster. Ich wischte ihr gern das T-Shirt zur Seite und küsste die Achsel dort wo sie abzufallen beginnt, kostete sie. Wanderte langsam zum Nacken, küsste ihn, jedes Fleckchen. Ich tue es nicht.

Rendezvous. Ich treffe Peter, Parade-Altachtundsechziger, gebildet, gescheit, politisch interessiert, liest was weiß ich wie viele Zeitungen, aber engagieren will er sich nicht mehr, zu bürgerlich, zu etabliert. Und immer schlechtes Gewissen: dieser Rechtfertigungszwang, alles wird erklärt, warum er die Gabel von da nach dort legt, warum er seine Frau betrügt (euphemistisch: das Abenteuer ihn verführt), obwohl er sich verpflichtet fühlt, sie liebe: Frau und Kinder. Warum er es hart will, deswegen nämlich. Es sei die Ambivalenz, die bürgerlichen Lebensformen und der Wunsch nach Überschreitung. Immer das Gefühl, Zwänge zerstören zu müssen, Normen, nach dem vierten Glas Wein, die ganze Konventionsscheiße, ohne die wir nicht könnten, das hätten sie erkennen, anerkennen müssen (Amen).

Ablauf. Es ist immer das gleiche. Peter wünscht sich Hosen und die Wäsche, die ich von ihm habe. Tangas mit Schnüren vorne und hinten, oder

Tangas mit Perlen. Die sind unbequem unter der Jean. Deshalb trage ich zu den Tangas mit Perlen den Minirock. Es ist scharf, sich ganz zu rasieren und entsprechend anzuziehen. Er ist mein Studienobjekt, mehr oder weniger. Auch mich beobachte ich, ich habe das Gefühl, ich verlasse mich vorher: bevor ich mit den Männern bin. Wir essen gemeinsam, trinken, die Altachtundsechziger haben ein Faible für teure Weine, ich meine: die Altachtundsechziger, die sich etabliert haben. Ein bauchfreies Shirt trage ich und einen Büstenhalter, der nur aus einem Bügel besteht und die Brüste aufreizend hebt. Meistens essen wir Meeresfrüchte, Muscheln und Austern und so. Er trägt das Essen auf, ich schenke Wein nach. Dazu steh ich auf und gehe um den Tisch, aufreizend. Wenn ich mich bücke, sieht er den Tanga und den halben Hintern, das habe ich zu Hause vor dem Spiegel probiert. Er kann dann nicht an sich halten, muss mir die Hose öffnen und ein bisschen fummeln. Mit den Fingern, mit der Zunge.

Tempo. Wenn ich die Sache beschleunigen will, beginne ich mich entsprechend zu bewegen und am Flaschenhals zu lutschen, dann ist alles schnell erledigt. Wenn ich mittlere Geschwindigkeit will, gehe ich an meinen Platz zurück, öffne die Serviette, lege sie auf den Schoß, fasse noch nach von dem teuren Zeugs und beginne über Ambivalenzen zu reden. Die Ambivalenz überträgt sich letztlich auch auf mich, es nervt mich, ich kenne das schon, nicht nur Peter, das ist ganz ähnlich bei den anderen (strukturell äquivalent könnte man sagen), zugleich macht mich das an, wenn die so selbstreflexiv in ihren Psychokisten kramen und sich dabei aufgeilen lassen. Wie beim Therapeuten, nur mit anderen Vorzeichen. Ich hab da einige Interventionen auf Lager, Verstärken zum Beispiel, ich fahre mir, sobald sie den Wunsch nach Überschreitung äußern mit der Zunge über die Lippen oder schaue ihnen in die Augen mit den Pupillen ein bisschen nach oben oder ich stehe auf mit entsprechendem Schwung in der Hüfte und hole Zigaretten oder was weiß ich.

Tempo. Wenn ich die Erregung dehnen und es härter will, stelle ich sie ans Meer und lasse sie hinüber schauen, transatlantische Beziehungen, da geht was ab (sichere Bank). Oder der mittlere Osten, der Ausgangspunkt ist beinahe egal, ein Land aus der Achse des Bösen, sie kommen in Fahrt, Amerika, Amerika und lassen ihren Aversionen freien Lauf, ein bisschen Übertreibung, ein bisschen Polemik, ein bisschen Schwarzweiß, das reflektieren sie dann auch und ich muss diese Energien nur noch lenken.

Irritation. Anna schiebt sich dazwischen. Peter merkt nichts, für ihn ist es wie immer ein gelungener Abend. Mir verschlägt es die Lust, ich muss mich bemühen. Als ich um den Esstisch gehe, Hintern auf, im Wissen Peter wird die Hose öffnen und fummeln, sehe ich sie. Sie kommt aus dem Bad, Anna in Unterhose und Leibchen. Sehr hell die Haut, groß die Brüste unter dem Leibchen, kalt geduscht wahrscheinlich, die Taille schmal, ausladende Hüften. Anna ist schön, gerade Nase, feste Brauen, Kuhaugen. Ich möchte Anna anschauen, sie betrachten, ich möchte sie streicheln, ihr Gesicht, ihren Körper. (Den Abend hake ich ab.) Das Bild saugt alles auf, zapp: ist Peters Gefummel verschwitzt. Bewegungen, die ich sonst vorauseilen lasse, in die ich mich lege (die mich beflügeln, von da her: vögeln) verheddern zunehmend, sind sinnlos: reinste Mechanik.

Irritation. Ein paar Tage später das Gleiche. Ich bin mit Arthur zusammen. Arthur ist Arzt, Radiologe, der experimentierfreudigste meiner Partner. Wir lassen uns treiben, mieten spontan ein Hotelzimmer, oder machen es in Parkanlagen, Hauseingängen, Nachtlokalen und so weiter. Ich trage Strümpfe und Strapse, auf die Strapse würde ich verzichten, in einer Zeit, die selbst haftende Strümpfe entwickelt, ist es ein Zugeständnis an Arthur. Höschen trage ich keines, ich trage einen knielangen Rock, der sich problemlos hinaufrollen lässt. Oben trag ich eine Art Mieder, darunter trage ich nichts. Ich sitze auf der Bank im Park, Arthur kniet, ich sitze vorn an der Kante, lehne mich zurück, schmecke Arthur noch immer. Arthur ist sehr gut mit der Zunge. Dann Anna. Nicht dass das Ganze kippte wie mit Peter, wir spielen in einer anderen Liga. Aber sie ist da, ihr Gesicht, ihr Körper und ich wünsche mir einen Dreier, heftig, einen Dreier mit Arthur und Anna.

Austausch. Wie das denn weiter gegangen sei, fragt Anna und meint den Professor, ob er die Rezeption der Theorie zur weiblichen Sexualität referiert hätte oder ob er geflüchtet sei, zu Jung oder Adler, die würden sich ja anbieten (auf der Hand liegen). Er hat nicht flüchten können, sag ich, weil ich ihn direkt gefragt habe, warum er den Penisneid nicht sozialpsychologisch interpretiere. Was das überhaupt für eine Basis sei, den Phallus in die Mitte zu rücken und dann erst mit dem Denken zu beginnen. Meine Sicht des Ganzen hab ich dann dargelegt, dass die Frauen doch nur die Macht wollten, nicht die Schwänze. Hat er gelacht, der Professor, und gesagt, dass, folge man meiner These, der Penisneid ja gehörigen Schwankungen unterlegen sein müsse, abhängig sozusagen von der demokratiepolitischen Lage, dass ich das ja messen und auswerten könne, dass mir das wahrscheinlich exorbitant liege. Ich habe dann nichts mehr gesagt, ich meine: sagen können, weil die anderen Studenten mich nicht unterstützt haben, kein einziger. Weil sie mich noch weniger mögen als den Professor.

Anna. Wir sitzen auf der Couch im Wohnzimmer, wir sagen nichts, schalten MTV ein. Plötzlich ist Anna ganz nah. Die Schenkel berühren sich, die Achsel die Knie. Erregung läuft aus der Berührung, mir über, mir ganz über. Ein Stocken, ein Loch in der Zeit, ich meine: in der Biografie, alles ist aufgehoben. Das ist Schönheit: der Hügel, die Mulde, die Schnitte sind zu. Die Gesten setzen sich ab, sind über uns, ich meine: auch über Anna, sanft, langsam. Erregung, gedehnt über die Körper, bis an die Decke, wir verleiben sie. Eine Scheuheit dann: danach, weil alles so neu ist, eine Scheuheit: dass wir uns nicht berühren dürften eine Zeit lang. Auch eine Angst, dass das kein zweites Mal gelingen könnte.

Abbruch. Ich breche die Therapie ab. Ich gehe nicht mehr hin. Er hat mich angerufen, mein Therapeut, um darauf hinzuweisen, dass ich zur Therapie verpflichtet sei, dass ich das doch wüsste, es ginge überhaupt nicht um ihn, ich könne ruhig wechseln, aber ich solle das um Himmels willen tun. Ich tue es nicht, ich weiß, was ich will: Anna.

MANFRED RUMPL

tagebuch einer hure

Wenn ein Mann von einer Hure geht,
wieder breit in seinen Schuhen steht
und nach Schlüsseln, Uhr und Börse sieht,
pisst er noch und wäscht sich gern sein Glied.

Durch die Kammer geht ein kleiner Wind,
und der Kuss, den sie ihm gibt geschwind,
eh sie sorgsam ihren Mund bemalt,
ist ein guter Kuss und nicht bezahlt.

Theodor Kramer

Dienstag, 22.06.2004

Ich mache es nicht wegen des Geldes. Nicht in erster Linie wegen des Geldes, möchte ich hinzufügen.
Obwohl ich das Geld eigentlich nicht nötig habe, versetzt es mich aber doch jedes Mal, wenn ich, im Voraus selbstverständlich, dafür bezahlt werde, in eine leichte Euphorie. Es ist das Gefühl, dass ich es nun bin, die entscheidet, wie sich alles entwickelt. Wenn die Kunden auch oft fordern, was sie wollen, so liegt es, nachdem sie bezahlt haben, doch ganz an mir, wie intensiv das Erlebnis sein wird, das sie haben werden. Die Kunden ahnen das, und sie erkennen diese Macht an. Sogar wenn

sie von mir, was manchmal der Fall ist, Unterwerfung verlangen, behalte ich insgeheim die Oberhand, weil ich kontrolliere, wie weit sie mit mir gehen dürfen und wie viel sie von dem, wofür sie bezahlen, bekommen werden.

Im Grunde verhält es sich in meinem Gewerbe ähnlich wie in der Psychoanalyse. Dass ich es nicht allein wegen des Geldes tue, schrieb ich bereits. Aber das Geld ist es schließlich, das dem Ganzen einen realen Wert verleiht. Was nichts kostet, ist in Wirklichkeit wenig wert. Das gilt für die Träume und Nöte von Klienten in der Analyse und ebenso für die Umsetzung der Träume und Bedürfnisse meiner Kunden. Gäbe es die Verwirklichung des Begehrens umsonst, würde es vielleicht bald verschwinden.

Manche Kunden bezahlen vorweg für die Schuld, die sie nachher empfinden werden, eine Art Ablass also; andere geben sich der Illusion hin, mich kaufen zu können, nicht bloß Haut und Haar, sondern tatsächlich die Frau, die ich bin; und wiederum andere bezahlen mich auf dieselbe Art, wie sie im Supermarkt an der Kassa zahlen: Sechs oder sieben Sachen, zu je soundso viel, das macht dann...? Sie glauben jedenfalls zu wissen, was sie für ihr Geld von mir bekommen werden. Ja, sie sind sich sogar ziemlich sicher, dass sie ein Recht darauf haben. Aber, wie gesagt, im Grunde bin ich es, die entscheidet, was und wie viel ich für dieses Geld, das ich nicht unbedingt brauche, zu geben bereit bin.

Wenn ich dem Verlangen nachgebe, Lust zu empfinden, was nicht selten vorkommt, darf ich dabei natürlich den Überblick nicht verlieren. Es könnte Unvorhersehbares passieren. Gestern ist etwas Derartiges geschehen, und es hatte, unter anderem, auch mit Geld zu tun.

Ich war gerade im Garten beschäftigt, als jemand aus meiner Agentur anrief. Einen Moment lang war ich unschlüssig, aber dann nahm ich einen Auftrag für den Abend an. Es handelte sich um einen Stammkunden, den ich nicht im Stich lassen wollte. Stammkunde ist einer bei uns bereits, wenn er zum dritten Mal dieselbe Frau bestellt. Diesen Mann hatte ich in eigenartiger Erinnerung. Ich hätte auch ablehnen können, zum Glück arbeite ich für eine Agentur, die das zulässt. Aber irgendwie war ich seit einer Stunde nicht mehr so recht bei der Sache und nun sogar erleichtert, die Gartenarbeit endlich aufschieben zu können. Eine Unruhe war in mir, die vom Schnipseln an der Hecke nur noch verstärkt wurde. Ich wollte etwas, das dem leeren Tag, den ich allein verbrachte, eine Art Struktur gab, etwas, das ihm seinen Stempel aufdrückte. Ich wollte etwas spüren, Intensität, und wenn es der eigene Körper war. Letztlich ist es doch immer nur der eigene Körper, den wir spüren, sagte ich mir, alles andere ist eine Illusion.

Ich ging unter die Dusche, rasierte mich unter den Achseln und zwischen den Beinen, band mein Haar zu einem Pferdeschwanz und kleidete mich, wie es mir gefiel. Diesbezüglich gab es keine Kundenwünsche, die ich zu erfüllen hatte. Ich fühlte mich unschuldig, also entschied ich mich für Dessous in Weiß, Strümpfe und Strapse und ein Kostüm, ein sommerliches Parfum, Modeschmuck und Kirschrot für die Lippen. Aber kein Make-up. Es war ein heißer Tag, und Strapse und Strümpfe streifte ich mir nur über, weil ich die Kühle der Seide auf meiner Haut spüren wollte.

Nach einem Blick in meine Tasche ging ich los. Zwei Taxifahrten sind zwar immer im Preis inbegriffen, aber ich wollte mit der Tram und der U-Bahn fahren. Ich hatte einfach Lust, so zu tun, als hätte ich ein aufregendes Treffen mit einem Mann meiner Wahl. Und ich wollte, dass die Leute, die mir begegneten, das auch sehen sollten, wenn sie mich neugierig musterten, Frauen und Männer. Ich fuhr von der Vorstadt in die Innenstadt und spürte dabei so manchen Blick auf mir: Blicke, die meine Figur neidisch überflogen (weil ich trotz meiner achtunddreißig Jahre noch sehr attraktiv bin?), Blicke, die mich anhimmelten (weil ich begehrenswert bin?), und Blicke, die förmlich in mich eindrangen (weil ich eine Hure oder aber ganz allgemein eine Frau bin?).

Es gibt Stunden, sogar Tage, da mag ich diese Blicke überhaupt nicht, sie verstören, verletzen und empören mich. Aber gestern auf dem Weg zu meinem Job, den ich mir als Rendezvous vorstellte, konnten sie mir nichts anhaben. Im Gegenteil, ich nahm diese Blicke in mich auf und ließ es zu, dass sie mich in eine Bereitschaft versetzten, die meine Brüste hart werden ließ. In der U1 erwiderte ich lange den Blick eines jungen Mannes, der voller Ironie und Begehren war. Am liebsten wäre ich gleich mit ihm gegangen. Ich stellte mir vor, wie er mich leicht nach vor beugt, mir den Rock hoch hebt und mich von hinten fickt, Worte in mein Ohr flüsternd und keuchend. Ich stellte mir sogar vor, dass er Ich-liebe-dich flüstert, wenn er dann kommt, so tief in mir drin, dass ich glaube, seinen Samen zu schmecken, der mir bis in die Kehle steigt. Dem Alter nach hätte er fast mein Sohn sein können, der nun seit etwa drei Jahren aus dem Haus ist. Erst zwei Stationen, nachdem er ausgestiegen war, dachte ich wieder an meinen Auftrag.

Vor etwas mehr als einem Jahr fing ich damit an. Zunächst versuchte ich, über eine so genannte Agentur für Seitensprünge Bekanntschaften zu machen, aber das erwies sich nicht als zielführend. Was mir da zugemutet wurde, unterbot alle meine Erwartungen, obwohl ich, was das Sexuelle betrifft, ziemlich flexibel bin. Und dass meine Interessen vor allem sexueller Natur sind, daran ließ ich keinen Zweifel.
Ich möchte dabei aber keineswegs meine Familie aufs Spiel setzen. Ich will nur meine Phantasien in die Tat umsetzen, so weit das eben möglich ist.
Und dann stieß ich durch Zufall auf diese Agentur, die es mir ermöglicht, manchmal das zu tun, wovon ich an der Seite meines Mannes nur träumen kann. Er ist ein guter Mann, und wir haben zwei bereits erwachsene Kinder. Aber es ist ihm noch nie gelungen, mich richtig zu befriedigen. Am Anfang dachte ich, das ändert sich mit der Zeit, wenn wir uns sonst gut verstehen, ist es nicht so wichtig. Dann befürchtete ich,

dass es vielleicht so sein muss, und jetzt denke ich manchmal nur mehr daran, wie, wo und wann ich mir das holen kann, wonach ich mich so stark sehne.

Das letzte Stück ging ich zu Fuß. Ich mag es, wenn bei jedem Schritt mit den hohen Absätzen ein Stoß durch meinen Körper geht. Ich spürte meine straffen Waden, die Geschmeidigkeit meiner Schenkel und das Spiel meiner beim Gehen sich rhythmisch hebenden Pobacken und Brüste. Ich spürte die glatte Seide auf meiner Haut, und ich spürte, dass ich im Begriff war, feucht zu werden, wenn ich an den jungen Mann von vorhin dachte. Aber dann fiel mir mein Kunde wieder ein, und meine Erregung legte sich. So weit ich mich erinnere, war er weder hässlich noch unsympathisch, es war vielmehr einer seiner Wünsche, der mich damals fast aus der Fassung brachte. Nun bin ich einiges gewohnt und nicht leicht zu verunsichern – der Begriff Perversität hat, seit ich diese Dinge mache, deutlich an Schärfe verloren -, aber das, was dieser Mann von mir wollte, war doch einigermaßen... seltsam, sagen wir es mal so, um nicht gleich moralisch zu werden.

Er hatte damals darauf bestanden, bevor er sich einen Gummi überzog und in mich eindrang, sich eine der Hundert-Euro-Noten, die für meine Bezahlung gedacht waren, fest um den steifen Schwanz zu wickeln. Ich lachte natürlich zunächst über diesen Unsinn, in der Meinung, es mit einem veritablen Spaßvogel zu tun zu haben. Als er aber beleidigt reagierte, war mir sofort klar, dass er es ernst meinte, und ich spielte sein seltsames Spiel mit. Ein kranker Symbolist, ein Fetischist, ein Börsenneurotiker womöglich? fragte ich mich, während er sich holte, was er so dringend brauchte. Er saß dabei auf einem Sessel, während ich mich, mit dem Rücken zu ihm, rittlings auf ihm bewegte. Zwischen meinen Beinen bemerkte ich zunächst nicht viel, nicht einmal den Geldschein, was er aber nachher mit meinen Brüsten machte, ging in Ordnung. Die meisten Männer darf man nur mit ihrem Ding an sich ranlassen, aber kaum mit ihren Händen, will man keine schlimmen Überraschungen erleben. Was das angeht, war der 100-Euro-Mann allerdings eine Ausnahme, denn in seinen geschickten Händen wurde ich dann doch noch geil. Kann sein, dass ich in den entscheidenden Momenten an jemand anderen dachte, aber was spielt das schon für eine Rolle? Mein Kunde kam jedenfalls auf seine Kosten, was er zum Ausdruck brachte, indem er darauf bestand, mir den Hunderter als Trinkgeld zu geben. Es würde ihn sehr freuen, sagte er beim Abschied, wenn ich mir mit dem Geld sexy Sachen zum Anziehen kaufen würde. Irgendwie war mir dieser Hunderter ein wenig unheimlich, und ich bin danach in ein Geschäft und hab mir diese Dessous gekauft, die ich jetzt auf meiner Haut spürte.

Diesmal stieg er in einem anderen Hotel ab. Der süffisante Blick des Portiers und der vorwurfsvolle seiner Kollegin, als ich nach meinem Kunden fragte!
Wen interessiert schon die Meinung von frustrierten Leuten? Ich fuhr nicht mit dem Lift hinauf, nahm lieber die Treppen, um mich beim Steigen Schritt für Schritt in eine leichte Erregung zu versetzen. So entbehrlich mir der Tick mit dem Geldschein auch erschien, ein Anflug von Neugier bemächtigte sich meiner aber doch, als ich mich dem Zimmer langsam näherte. Welchen Sonderwunsch würde der Mann heute äußern?
Seine erwartungsvolle Stimme bat mich hinein. Er hatte den Raum abgedunkelt, so weit aber nur, dass Streifen von Sonnenlicht auf den Teppichboden und die Wände fielen. Wenn man sich an das Halbdunkel gewöhnt hatte, nach zehn, fünfzehn Sekunden vielleicht, nahm man alles im Raum ganz deutlich wahr. Er begrüßte mich mit einem Kuss auf die Wange, bat mich, Platz zu nehmen und setzte sich in einen Fauteuil neben der Minibar. Ich setzte mich aufs Bett, schlug die Beine übereinander, stützte mich mit beiden Händen hinter mir ab und lehnte mich

zurück. Dann – ich weiß nicht, weshalb – griff ich mit meiner Rechten in mein Haar und zog das Haarband ab, warf den Kopf in den Nacken und schüttelte mein kühles Haar über meine Schultern. Er lächelte verlegen. Dann reichte er mir ein Glas Sekt, und wir deuteten ein Prosit an. Dann schwiegen wir eine Weile. Ich ließ meinen Blick durchs Zimmer schweifen und entdeckte auf einem der Nachtkästchen ein paar große Euroscheine, Präservative und einige Rollen Hartgeld, original verpackt.
„Ich arbeite in einer Bank", sagte er plötzlich, nachdem er meinem Blick gefolgt war. Es war weniger eine Entschuldigung als vielmehr fast ein Ausdruck des Bedauerns.
„So was Ähnliches hab ich mir schon gedacht", sagte ich.
Dann klärten wir, was er machen wollte. Er traute sich zunächst nicht, mit all seinen Wünschen herauszurücken. Doch ich ahnte, was er wollte, und ich hatte kein Problem damit. Das war seine Sache. Ich musste halt darauf achten, dass er dabei nicht zu grob werden würde.
Nachdem er sich ausgezogen hatte, zog er mich bis auf die Unterwäsche aus. Dann schob er mir glatte, neue Geldscheine als Einlagen in Slip und BH, vorne und hinten; wobei sein Schwanz anschwoll. Er drückte mir einen Polster unter den Rücken, ich spreizte meine Beine und winkelte sie an, und er zog mir die Schamlippen auseinander und leckte mir systematisch die Möse, bis sie glänzte wie ein feuchter Pfirsich. Ich griff dabei in sein Haar und kontrollierte seine Bewegungen und die Lust, die sich in mir auszubreiten begann. Ich schloss die Augen und sah den jungen Mann aus der U-Bahn vor mir.
Dann spürte ich seine Hände, Finger, die mich sacht öffneten und in mich eindrangen. Etwas löste sich in mir. Ich gab ganz nach und mich in seine Hände, während sich mein Körper wölbte und ich meine Arme im Nacken verschränkte. Ich war ein Gefäß, in das Lust einströmte und stetig stieg. Wenn ich voll sein würde, würde es mich zerreißen, und etwas würde über mich hin spülen... vor und zurück, immer wieder, Ebbe und Flut, bis sich mein Inneres wieder glätten und schließen würde.

Ich hörte ihn stöhnen, und ich registrierte durch den Schleier meiner Wahrnehmung sogar sein Erstaunen über die Hingabe, mit der ich seine relativ kleine Hand aufnahm.
Später drehte ich mich auf den Rücken, presste mein heißes Gesicht in den Polster und hielt ihm meinen Arsch hin. Mein Fleisch zitterte in Erwartung des Kommenden. Inzwischen hatte er seinen Schwanz präpariert wie beim letzten Mal, und mit einem langsamen, bestimmten Stich drang er tief in mich ein. Während er mich bumste, spürte ich auf einmal etwas anderes. Was es auch war, ich begrüßte es mit einem kurzen Seufzer und drängte mich dem entgegen. Kurz bevor etwas in mir in die Luft flog, spürte ich seine Finger an meinen Warzen, ein heißer Schmerz zunächst, der jedoch gleich von der Lust, die in mir tobte, überwältigt und gesteigert wurde, bis...
Er blieb noch in und auf mir, als ich bereits, vollkommen entspannt, quer über dem Bett lag. In meinen Schläfen rauschte das Blut.
Sobald ich bemerkte, dass das nicht der Jüngling aus der U-Bahn war, der da auf mir lag, befreite ich mich und setzte mich auf. Etwas Unwirkliches lag über der Szene. Das Licht, das durch die Jalousien ins Zimmer fiel, flackerte. Als ich mich konzentrierte, stellte ich fest, dass es mein Blick war, und nicht das Licht. Der Schweiß auf meiner Haut kühlte allmählich ab. Ich wollte unter die Dusche. Im Vorübergehen bemerkte ich zwei der Hartgeldrollen neben den Kissen auf dem Bett. Sie steckten in Präservativen und glänzten feucht.

Danach wollte ich nicht gleich wieder nach Hause fahren. Ich flanierte am Kanal entlang. Als ich durstig wurde, kehrte ich irgendwo ein und trank ein großes, goldfarbenes Bier, während ich zusah, wie sich das dunkle Wasser bewegte. Mein Körper fühlte sich matt an, mein Begehren war besänftigt. Bis auf ein winziges Sehnen, das sich noch in mir regte, eine Art Traurigkeit, die etwas wollte, was ich offenbar nicht bekommen hatte. Ich war wunschlos und dennoch, das muss ich gestehen, war mir

zum Weinen zumute. Ich hätte heulen können, was ich mir aber strikt untersagte, so dass mich nur ein paar tiefe Schluchzer überwältigten. Dann atmete ich tief durch und lächelte den Kellner an, der kassieren kam. Der schmunzelte, als ich eine der beiden Hartgeldrollen aus meiner Tasche nahm, über die Tischkante brach und ihn bezahlte.
Wenn ich an meinen Mann und meine beiden erwachsenen Kinder dachte, die ich am Abend sehen würde, empfand ich eine tiefe Zuneigung. Ob sie verstehen würden, was ich manchmal mache, wenn ich allein bin? Wenn ich sehr allein bin, will ich sagen. Verstehen... vielleicht, aber verzeihen? Ich weiß es nicht. Erwarten darf ich das nicht. In meine dunkelsten und hellsten Stunden ist mir noch nie jemand gefolgt.

Am Abend genoss ich jede Bewegung, jeden Schritt, der in meinem Körper eine heiße Erinnerung auslöste. Dass ich auch eine Hure bin, vergesse ich dann von einem aufs andere Mal.

DANIEL WISSER

Wahre Begebenheit

Abends, wenn wir beide zu Hause sind, sitzt A. auf dem Sofa. Sie liest ein Buch. Daneben manchmal ein Schluck Rotwein. A. liest zehn bis vierzehn Neuerscheinungen in der Woche. Und dazwischen immer wieder Romane aus der Literaturgeschichte. Ich sitze am Boden und will, dass sie - wie man so sagt - meine Gedanken liest.

Dann wieder ziehe ich über die Literatur her. Über die Romanschriftsteller. Über die Romanschriftstellerinnen. Wie elend sie ihr elendes Leben verallgemeinern, indem sie alles umbenennen. Diese Geschichtenerzählerei, bei der alles einfach umbenannt wird. Wenn ein Schriftsteller in der HUMBOLDTSTRASSE wohnt, dann wird sie in seiner Geschichte zur MONDSCHEINGASSE. Aus seiner Frau ELISABETH macht er LISA. Überhaupt scheint es ohne LISA keine erzählende Literatur mehr zu geben.

A. ätzt dann über meine Arbeit als Programmierer. Über die Informatik und Computer überhaupt. Es ist ein eingeübter Streit. Vorurteil gegen Vorurteil.

Heute schaut A. immer wieder aus ihrem Buch auf. Sie sagt irgendwann: Du willst mit mir schlafen! Ich mag den Ausdruck MIT EINANDER SCHLAFEN nicht, sage ich. Das ist nur etwas für Romanschriftsteller.

Für Romanschriftstellerinnen. A. liest weiter. BUMSEN mag ich auch nicht, sage ich nach einer Weile. Und FICKEN schon gar nicht, sage ich etwa eine halbe Stunde später. Also, welcher Ausdruck gefällt dir, fragt A. Gar keiner, sage ich. Ich mag keine erfundenen Geschichten. Nur wirkliche. Siehst du, sagt A., ich hab es ja gesagt: Du willst mit mir schlafen. Sie liest weiter.

Nach einiger Zeit klappt A. ihr Buch zu und schaut mich an. Erzähl mir eine erotische Geschichte! Nein, keine erotische Geschichte, eine pornografische Geschichte! Nur Sex! Ich kann keine Geschichten erfinden, sage ich. Nein, keine erfundene, sondern eine wahre! Eine wahre Begebenheit. Ich bin ganz Ohr, sagt sie. Ein Ausdruck, der mir gar nicht gefällt. Und jetzt weiß ich auch, was ich gegen eine pornografische Geschichte habe: Nämlich, dass mir die Ausdrücke für die Geschlechtsteile nicht gefallen. Dieses dauernde PENIS, SCHWANZ und GLIED, VAGINA, MÖSE und SCHEIDE würde mir auf den Arsch gehen.

A. lacht. Komm, einen richtigen Porno! Dann machen wir es wirklich. Und dann habe ich es wirklich gemacht. Ich beginne zu erzählen. Ich glaube mit einer Beschreibung des Himmels, den ich aus einer Straßenbahn an der Kreuzung St. Marx betrachte. Nichts Wichtiges jedenfalls. Ich fahre am <Datum> zu <männlicher Vorname> und <weiblicher Vorname>. Ein Tag, an dem ich mich sonderbar fühle. Eigentlich fühle ich mich gut und bin ausgeschlafen. Aber schon der am Anfang der Geschichte beschriebene Himmel sagt mir, dass es ein Tag mit eigenartigen Ereignissen sein wird. Zuviel Himmel, sagt A. und lacht. Und was bedeutet <weiblicher Vorname>, fragt sie. Das ist eine Variable, sage ich. Eine Variable für eine weibliche Figur. Gut. Weiter!

Der Besuch bei <weiblicher Vorname> und <männlicher Vorname> ist angenehm. Die beiden sind seit <Zahl> Jahren ein Paar und leben bereits seit <Zahl> Jahren in einer gemeinsamen Wohnung. Wir reden ein wenig über berufliche Dinge und gemeinsame Bekannte. <Weiblicher Vorname> hat ausgezeichnet gekocht. Schließlich will sie noch ein Des-

sert zubereiten, es ist aber keine Milch im Haus. <Männlicher Vorname> bietet an zur Tankstelle zu fahren und Milch zu holen. Er geht. Ich helfe <weiblicher Vorname> den Tisch abzuräumen. Dann stehe ich am Fenster und setze kurz meine Himmelsbeobachtung fort. Noch nie habe ich so etwas getan.
<Weiblicher Vorname> stellt sich neben mich und sagt: Arg, dass ich mit <männlicher Vorname> schon so lange zusammen bin. Ich bin mit ihm glücklich. Kurz überlege ich, warum sie mir das erzählt. Aber da redet sie schon weiter. Trotzdem ist es normal Träume zu haben, oder? Ich schaue weiter aus dem Fenster, um mich nicht zu ihr zu wenden. Eigentlich will ich sagen, dass ich darüber nichts wissen will. Aber ich schweige.
Dir vertraue ich, sagt <weiblicher Vorname>. Ich wünsche mir, ab und zu Sex mit dir zu haben. Ohne darüber zu sprechen. Bitte sag mir Bescheid, ob du auch willst. Hast du meine Handy-Nummer? Frag beim Anrufen zuerst, ob ich allein bin. Sie führt das Gespräch, das wir beim Tischabräumen geführt haben, weiter. Ich kann mich darauf kaum konzentrieren und hoffe, dass <männlicher Vorname> bald zurück kommt. Als er endlich kommt, gebe ich mir die größte Mühe normal zu sein. Ich bleibe noch eine Stunde. Dann verabschiede ich mich, schüttle <männlicher Vorname> die Hand und küsse <weiblicher Vorname> auf beide Wangen. Sie hat alles perfekt gemacht.
Ich lasse <weiblicher Vorname> drei Tage warten, bis ich sie anrufe. Als erstes frage ich sie, ob sie offen sprechen kann. Sie sagt: Ja. Ich sage, dass mein Anruf ein grundsätzliches Ja ist, dass ich aber einige Dinge klären will. Erstens möchte ich das nur machen, wenn sie mir garantiert, dass sie das nicht auch mit anderen macht. Sie sagt, das kann sie mir garantieren. Außerdem bin ich der allererste, mit dem sie es tut und sie will keinen anderen dafür.
Weiters habe ich Bedenken wegen der Verhütung. Sie sagt, sie nimmt die Pille. Nun aber kommen ihre Bedingungen. Wir versuchen es einmal und schauen, ob es uns überhaupt beiden gefällt. Und ob es nicht zuviel

Stress ist, die Geheimhaltung und so weiter. Dann treffen wir uns wieder, aber jeder von beiden kann es jederzeit beenden. Ohne Angabe von Gründen. Es gibt keine Ansprüche oder Forderungen.

Wir treffen uns bei ihr oder mir, wenn wir ganz sicher einen Abend allein sein können. Ich sage, dass meine Freundin - nennen wir sie der Einfachheit halber A. - einige Male im Jahr für eine Woche nach Salzburg fährt. <Männlicher Vorname> fliegt regelmäßig ins Ausland. Niemand darf von unseren Treffen sprechen oder schreiben. Wenn einer von beiden ein SMS vom anderen bekommt, löscht er es nach Erhalt sofort wieder. Ich sage, ich habe noch etwas vergessen. Ich will keinen Sex, bei dem Küssen verboten ist. Sie sagt, dass wir uns selbstverständlich küssen werden. Aber sie wird nicht über Sex sprechen.

Das erste Treffen findet bereits einige Tage später statt. A. ist zwar nur für eine Nacht weg, aber ich bin so ungeduldig, dass ich das Risiko auf mich nehme. <Weiblicher Vorname> fragt mich nicht, wie lange A. weg ist, sondern bestätigt den Termin per SMS. Ich lösche das SMS sofort wieder.

Ich gehe schon um vier von der Arbeit nach Hause. Ich habe Angst, dass ich mich im Tag geirrt habe. Werden Menschen, die mich gut kennen, eine Veränderung an mir bemerken? Ich zweifle nicht an meiner Entscheidung mich mit <weiblicher Vorname> zu arrangieren. Wenigstens etwas. Aber die Sache wird mein Leben stark beeinflussen. Ich muss danach auf jeden Fall das Bettzeug wechseln und waschen, bevor A. kommt. Ich rufe A. an und frage, ob wir morgen Abend ins Kino gehen. Sie sagt, das werden wir spontan entscheiden. Beiläufig sage ich, dass ich das Bettzeug wasche. Seit wann hast du den Waschwahn, fragt sie. Dann muss sie aufhören, weil ihr Seminar wieder anfängt.

<Weiblicher Vorname> kommt eine Viertelstunde zu spät. Ich biete ihr Tee an. <Weiblicher Vorname> sieht sich einige Bücher im Regal an. Ich sage, es ist eine ungewöhnliche Situation. <Weiblicher Vorname> meint, es hätte aber etwas Prickelndes. Das Wort gefällt mir überhaupt nicht.

Sie setzt sich auf das Bett - mir gegenüber. Wir sind beide befangen. Sie sagt, ich tu jetzt einfach einmal was. Sie legt ihre Arme auf meine Schulter. Ich lege die Arme auf ihre Hüften und ziehe sie zu mir. Wir küssen uns lange. Ich habe sofort Lust auf sie.

Dann spüre ich, wie ihr das Küssen zuviel wird. Sie löst sich von mir, zieht ihren Pullover aus und lässt sich auf den Rücken ins Bett fallen. Ich lege mich neben sie, stecke meine Hand unter ihr T-Shirt und streichle sie. Wir ziehen ein Kleidungsstück nach dem anderen aus, aber es ist immer eine lästige Unterbrechung. Ihr Körper gefällt mir. Ich beginne ihre Beine zu streicheln und bin bald ein Stück weiter gekommen.

<Weiblicher Vorname> atmet schwer, lässt mich aber nicht lange mit dem Finger spielen, sondern zieht mich an sich. Ich liege auf ihr. Sie hat die Augen geschlossen. Ich dringe in sie ein. Sie stöhnt leise und spreizt die Beine nur etwas. Das gefällt mir. Ich mache manchmal die Augen auf und sehe, dass <weiblicher Vorname> die Augen immer geschlossen hat. Ich sehe wie ihr Bauch sich wölbt und ihre Brust sich bewegt. Das erregt mich stark und es geht alles schnell.

Ich liege neben ihr, drifte kurz in den Schlaf. Ich habe das Gefühl, dass es für sie nicht sehr befriedigend war. Ich frage sie. Sie sagt, sie wird nicht über Sex reden.

Wir liegen lange schweigend neben einander. Nach längerer Zeit sage ich, um die Stille zu unterbrechen, ganz langsam: Nicht über Sex reden! Sie lächelt und sagt: Nicht über Sex reden - es tun.

Sie nimmt meine Hand und führt sie an ihre Brust. Ich streichle ihre Brüste und offensichtlich ist es das, was sie will. Sie streckt sich zurück und schließt die Augen. Mein Schwanz wird langsam wieder hart und ich drücke ihn an ihren Oberschenkel, damit sie ihn spürt. Ich bin schnell wieder in ihr drinnen. Diesmal bewegen wir uns langsamer. Ich stütze mich nicht mit den Händen ab, sondern mit den Ellbogen und liege auf ihr, den Kopf in ihrem Hals vergraben.

Sie kratzt mich leicht am Rücken und lenkt meine Bewegungen. Sie stöhnt bei jeder Bewegung ein wenig. Obwohl ich Gestöhne sonst nicht mag, gefällt mir ihr Stöhnen, das mit jeder Bewegung intensiver wird. Irgendwann sagt sie laut „Oh, ja“, was ich grundsätzlich unangenehm finde, mir aber in dieser Situation gut gefällt. Sie zuckt mit einem Seufzer zusammen. Ich habe jetzt Ausdauer und beobachte alles scharf. Es gefällt mir, wie sie kommt. Das erst befreit mich vom Druck, dass ich unbedingt will, dass es ihr gefällt. Ich bewege mich langsam in ihr weiter. Jetzt kann ich unbeschwert selbst zum Orgasmus kommen.
Sie spürt es als ich schneller in sie dringe. Sie spreizt die Beine stärker. Es ist ein schönerer und längerer Orgasmus als der vorige. Ich schwitze und rolle mich neben sie. Sie dreht mir den Rücken zu. Ich liege dicht an ihr und halte sie dabei von hinten am Bauch umklammert.
Sie schläft, glaube ich, kurz ein. Ich schaue auf die Uhr. Wir sind jetzt zwei Stunden beisammen. Ich betrachte ihre Haut. Ihren Nacken. Schulter und Arme. <Weiblicher Vorname> ist schön und hat eine gute Figur, aber sie wird früh dick werden, denke ich. Als sie wieder wach ist, erzählt sie, dass sie gerade <Buchtitel> von <Name des Autors> liest. Ich kenne das Buch nicht. Sie erzählt mir, worum es in dem Buch geht, aber ich höre kaum zu. Dann reden wir noch über einen Film. Wenn wir verliebt wären, denke ich, würden wir jetzt ins Kino gehen. Und/Oder Abendessen.
Dann geht <weiblicher Vorname> duschen. Ich zeige ihr, wo sie ein Badetuch findet. Nackt im Bett sitzend lese ich ein wenig Zeitung und trinke kalten Tee. <Weiblicher Vorname> kommt in ein Badetuch gewickelt, die Haare nass und frisch gekämmt. Ich frage, ob ich noch Tee machen soll, aber sie ist für Wein. Ich habe noch eine Flasche Rotwein.
Als sie ihn kostet, frage ich sie, ob er grauslich ist. Sie sagt: Nein, der ist gut. Ich glaube ihr das zwar nicht, aber nehme es immerhin als Kommunikation hin. Es ist schwierig ein Thema zu finden. Noch schwieriger ist es, die Erwähnung der Personen zu vermeiden, mit denen wir - wie man sagt - zusammen sind.

Sie sitzt lange neben mir. Ich spüre ihr Haar auf meiner Schulter. Haare aus der Dusche entfernen, Badetuch waschen, denke ich. Irgendwann greift sie auf meine Oberschenkel, streichelt sie und nimmt schließlich meinen Schwanz in die Hand. Sie spürt, dass er nur langsam wieder hart wird und drückt mich sanft ins Bett zurück. Zuerst nimmt sie ihn in den Mund. Dann setzt sie sich auf mich und führt meinen Schwanz langsam ein. Ich betrachte ihr Brüste. Sie bewegt sich langsam auf mir. Das dauert lang. Als sie wieder ihren Seufzer ausstößt, sackt sie ein wenig zusammen. Sie will nicht mehr oben sein und ich lege sie sanft auf den Rücken. Dann drehe ich sie allerdings um und dringe von hinten in sie ein. Zuerst liegt sie nur auf dem Bauch, aber später kniet sie sich auf. Ich bewege mich immer stärker in ihr. Ich habe Gelegenheit ihren Arsch zu betrachten und in die Hand zu nehmen. Überhaupt fühle ich mich jetzt viel gelöster und kann die Augen die ganze Zeit offen halten. Manchmal stöhnt sie ein wenig, wie um mich anzufeuern. Ich presse mich in sie hinein, halte dabei ihre Hüften und komme schließlich zum Orgasmus. Wir liegen noch ein wenig nebeneinander, dann geht sie wieder ins Bad, kommt zurück und zieht sich an. Es ist zirka elf. Ich muss gehen, sagt sie. Ich begleite sie zur Tür. Jetzt hat sie es eilig. Bei der Verabschiedung drückt sie mir hektisch die linke und die rechte Wange entgegen. Sie sagt: Ruf mich an, wenn du willst. Dann geht sie.

Etwa sechs Wochen später, ich weiß es nicht mehr ganz genau, bekomme ich einen Anruf von ihr. A. unterbricht mich: Wie viele Treffen haben stattgefunden? Lass mich doch die Geschichte weiter erzählen. A. springt vom Sofa auf. Wie viele Treffen haben stattgefunden? Drei, sage ich. Warum nur drei, fragt sie. Dass <weiblicher Vorname> von <männlicher Vorname> schwanger geworden ist, sage ich, abgetrieben hat und das Ganze danach nicht mehr wollte.

Du bist ein Arschloch, sagt A. Und - hier nennt sie <weiblicher Vorname> beim richtigen Namen - ist auch ein Arschloch. Der arme <männlicher Vorname>. Sie sagt seinen Vornamen. Auch richtig.

MONIKA WOGROLLY

Sturzflug ins Glück

Sie sitzt da und wartet. Ihr Mann hat's ihr gezeigt. Und sie wartet auf den anderen. Zwischen den Schenkeln liegt ein feuchter Film der Unnahbarkeit. Und doch Nähe. Und wie. Drang er in sie ein, fest, wild, verlangend. Die Worte, seine Worte würzen es, kochendes Spiel. Jetzt streckt sie sich, sieht nach der Uhr. Doch die Zeit scheint stillzustehen. Und sich um sie herum zu drehen. Einmal, zweimal, wie viele Male um sie herum? Im Traum war es bunt, alles, ihr Verstand sogar, ihre Hände, sein Körper. Morgens liest sie gelangweilt vom Sexleben eines Baumeisters und seiner faltenunterspritzten Gattin. Faltenunterspritzt, sagt sie nachdenklich und lässt sich das Wort auf der Zunge zergehen. Im Traum war es blau und kalt, aber glühte es. Und hat er mich morgendlich wachge-, quasi als Vorgeschmack. Sagt sie sich mit Blick auf die Uhr, ihre Armbanduhr, und durch das Fenster auf einen Vogelschwarm. Auf einer Bank im Warteraum er. Dort angestellt. Behandelnd. Aber wie egal war es ihr, ob er nun Schornsteinfeger oder Chirurg war oder Baustellenleiter oder Mesner oder Koch. Schon nach dem ersten, dem beispielgebenden ersten Mal. Beispiel gebend, notiert sie, den Stift immer wieder am Mundwinkel, gelangweilt und zum Trost für sein Ausbleiben. Ihr Warten. Ihr Warten ist da und starrt ihr über die Schulter, und sie kriegt eine Gänsehaut, und mit weit offenem Mund schielt es, ihr Warten, aus dem Fenster. Kein Vogelschwarm. Sie notiert ihren Namen, immer wieder, wie sie es bei ihrem Mann gesehen hat, mit links gab er seine Unterschrift auf den Rand von Illustrierten, die sie morgens gelangweilt. Verzehrt hatte. Sie notiert: beispielgebend. Sie notiert: wachge- Und sie notiert schließlich noch: faltenunterspritzt. Im Traum vor Jahren stand er hinter einem Duschvorhang auf seiner Unfallstation. Und machte es. Und sie konnte es hören. Ausbuchtungen, leichte Ausbuchtungen von Ellenbogen, Kniegelenken, einem Po sehen. Glaubte sie, geträumt zu haben in der langen Zeit, als er nicht kam. Die andere schwanger war. Sie, zum zweiten Mal schon, die Ehefrau. Die rechte Frau. Blut ist im Schuh, ruckediguuuh. Schaut aus dem Fenster, zum Fensterbrett, wo ihr Warten zum Kind wird. Ein Schulmädchen, wie man es von Dreißigerjahr-Fotoaufnahmen kennt, hockt dort mit angezogenen Knien. Ist es Sex oder Liebe? Nein, das kann nicht so leicht entschieden werden, ob es das eine ist. Oder das andere. Oder etwas zwischendrin. Der feuchte Film, den sie auf ihren Schenkeln wähnte, ist jetzt verdampft. Bereit für den Nächsten. Sex mit dem Gatten war nur Vorspiel, schreibt sie und schreibt quer über die Aussagen der Gattin des Baumeisters zu deren Sexleben. Nur Vorspiel, nur Vorspiel, hackt ein schwarzer Vogel im Regen am Fenster den Takt. Nur Vorspiel das Leben, singt das Schulmädchen auf dem Fensterbrett. Ich bin hin gefallen, sagt es, sieh meine aufgeschundenen Knie. Wie ist das passiert? Hast du gewartet? Bist du im Warten abgestürzt? Er wird sich nie von ihr trennen, sagt das Schulmädchen. Das Warten kippt übers Fensterbrett. Wieder eine Sechzehnjährige, die sich aus Liebeskummer der Schule verweigert. Dem Leben. Den Eltern. Dem Stiegenhaus jeden Morgen und Mittag. Der Pausenglocke verweigert. Dem ersten jungen Freund. Der es geküsst hätte. Dem ersten Zungenkuss. Dem nächsten jungen Freund. Der Verlobung verweigert. Der Heirat. Dem Gebären. Dem Sterben. Und so und so vielen so genannten Berufsjahren, Erziehungsjahren, Lebensjahren mit Freizeitgestaltung, Urlaub und allem Drum und Dran. Verweigert. Aufschlägt auf dem dumpfen

Asphalt. Vor den Füßen der Mutter. Des Vaters, Bruders, Onkels, Lehrers, Mitschülers, der Hausbesorgerin, Reinigungsdienstangestellten, des Hausverwalters, Prospektausträgers, Zeugen Jehovas. Der Traum ist aus, und er steht unten, wartend. Auf die Mondphasenuhr blickend. Besorgt, ob sie recht schnell kommt. Erst zu ihm hinunter, dann in sein Auto, dann in einem abgelegenen Waldstück in seinem Auto. Kommt. Und kommt. Sie kommt schon. Hallo, sagt sie und verspürt bei seinem Anblick Begierde. Sein bloßer Anblick, denkt sie, notiert sie in Gedanken, entzündet mich. Doch immer noch stochert der andere in mir herum, dem Gefühl nach, und ist es nicht das allerfeinste, Männer in sich zu vereinigen, indem man mit einem nach dem anderen schläft, heute mit einem Rechtsanwalt, mit dem ich seit Jahren verheiratet bin, und mit einem Chirurgen, der mich seit einer Begegnung im Krankenhaus verfolgt? Einige Tage später rief er an. Ein verheirateter Mann, der Interesse hatte. Später verriet er mir, was es gewesen sei. Mein Geruch. Er habe ihn nicht losgelassen. Besessen von der Vorstellung, mich zu besitzen. Von mir verschluckt zu werden, denkt sie und notiert sich in Gedanken auf dem Beifahrersitz. Sein Blick ist kalt wie auf ein Stück Fleisch oder auf ein Beutestück und lässt sie schauern. Pfeilschnell dringt er in ihr Inneres. Auf der Fahrt ruht seine Rechte in ihrem Schoß. Mündend ins Verlangen. Tief. Verletzlich. Weich. Hart. Und seine Worte machen sie den Traum, den Schmerz, vergessen. Seine Stimme nimmt sie ein. Sie versickert. Wo und wie weiß sie danach nicht mehr, aber dass es war, ist sicher. Ihr Körper brennt. Singt. Verrückt, verrückt nach Leben, nach Frühling. Verliebt ist sie. Noch immer. Wieder. Immer neu. An seinen Brustwarzen, in seiner Hand, in ihm und an ihm lebend. Sie kommt zuckend. Schwitzend. Strahlend unter ihm, neben, über ihm. Und er von allen Seiten, singend, summend, drohend, liebenswert, sanft und fest. Zuckend. Zuckend. Kommt sie. Schreit. Schreit. Schreiend.

Zuhause in der Wohnung schließt sie sich ein. Denn dann, so denkt sie, notiert sie in Gedanken, ist er noch länger mein. Er mit der Mondphasenuhr im Auto unterwegs zum Kindergarten, um die Kleinen abzuholen und sie in ihre Kinderschalensitze zu verfrachten. Heimzukehren. Zu ihr, die noch nicht da ist, auf Reisen ist, aber deren Geruch in der Luft liegt. In seinem Heimkehrgefühl. Pflicht und Treue, ehe er, nachdem er die Kinder gebadet, geduscht, nasengeputzt hat, sich in sein Zimmer zurückzieht und die Bilder, Stellungen, Geräusche Revue passieren lässt. Ihr Stöhnen, Kreischen, Hecheln, Schreien, Knurren, Wimmern, Heulen. Die in sein Fleisch gekrallte, in sein Haar gekrallte verzweifelte, vor Lust verzweifelt klopfende und schlagende Hand. Ihr Haar schmeckt. Ihre Haut schmeckt. Die Stimme gellend und heiser an seinem Ohr. Den Aufeinanderprall der Körper. Im Verbot. Wieder und wieder. Baumwipfel sehen. Holzgeruch, Geruch feuchten Sägemehls, kühle Luft durch die hinuntergelassene Autofensterscheibe auf seinen glatten und befreiten Rücken. Stößt er sie. Nimmt er sie auf. Und geht, mit ihr auf dem Masten, zur Seilschaft aufs Piratenschiff. Träumt er. Schüttelt über sich den Kopf. Schwitzend im duftenden Ehebett vor dem Lavendel duftenden Kleiderschrank, begehbaren Schrank mit der Ehefrauenmode, und draußen das Kind, das den kleineren Bruder quält und schreit. Au! Au, schrie sie, sich die Lippe blutig beißend. Rasend wie ein Tier. Und eine wilde Stute. So dumme Worte kommen einem, denkt sie in ihrem Bett, mit ihren bildhaften Fantasien, während er nur in Boxershorts hinaus stürzt und dem Kind die Nagelschere entreißt. Dem Kind auf den Hintern schlägt wie zuvor ihr. Doch diesmal fester, so dass der Junge brüllt. Und nochmals jault sie wild auf wie eine Sirene. Fass mich, sagt ihr Schrei. Benütze mich, wispern ihre lauwarmen Lippen im Waldgeruch. Moder und nasses Holz. Hier könnte man sich verkühlen. Verzeih, verzeih, ruft er lauthals, ich wollte dir nicht weh tun, Max. Und ihre Brust namens Max und ihre Brust namens Moritz, die er Buben nennt, quillt auf wie Kuchenteig im Backofen. Vorsichtig, sagt er, ja. Und leckt. Und versetzt seinen Kopf wie ein Wunder abwärtszu. Sie starrt durch das offene Autodach in den Himmel zwischen Baumzweigen. Geflecht. Fühlt sich elend

und seiner Stärke kreuzklein unterlegen. Er wispert in ihrem Inneren. Zwischen den Eingeweiden flammt es und zuckt es davon. Elektrisiert und unter immerwährenden Erregungsschauern auf und ab, als würde sie von unsichtbaren Fäden gezogen und gelenkt. Ah, macht sie. Ah, ah, aaahhhh, und hört sich selber zu. Und ist es wie im Märchen. Lies, sagt Max, der Ältere. Nein, nicht lesen, Papi, ruft der Kleinere dazwischen. Der Max hat mich gepiekst, du sollst jetzt nicht vorlesen, sondern spielen. Wir spielen, sagt sie, denn du bist verheiratet. Du auch. Ja, aber ich liebe ihn nicht. Komm, lass dich fallen. Ich bin schon abgestürzt. Ich fang dich. Du tust mir weh, beinahe, dieses Gefühl tut gut. Ich will dir nicht weh tun. Ja, mach bitte weiter so. Was spürst du? Verlangen. Du bist so schön feucht und groß und doch eng. Wie bin ich? Wie eine feuchte Grotte, in der mein Schwanz verschwindet. Ich diene dir. Und hämmert auf sie ein, im Takt des schwarzen Vogels vor dem Fenster. Riecht sie scharfwürzigen und süßwürzigen Schweiß.
Ein feuchter Film bleibt.
Und Reminszenzen, während sie kocht.
Und er kocht.
Am Herd für den Ehepartner, der bald kommt.
Und vor Verlangen kocht.

LIEFERBARE BÜCHER

Wolfgang Pollanz
Das Buch Elvis
Prosa
Ill. von Thomas Markart
(inkl. CD pump 12-2004 „elvis lives")
12 Tafeln
ISBN 3-900965-26-9

(...) sehr unterhaltsam, sowie liebe- und stilvoll umgesetzt (...).
(Stephan Glietsch in SPEX)

Die jüngste Bibel Seiner Heiligkeit ist (...) eine umwerfende Verbindung von Text und Musik.
(Wolfgang Paterno im „profil")

Barbara Frischmuth
Die Geschichte vom Stainzer Kürbiskern
Ill. Von László Varvasovszky
32 Seiten, kartoniert
ISBN 3-900965-20-X

Werner Schandor/Roman Klug
Peter Sterner: Das Geheimnis seines Erfolges
Ein Comic-Buch (inkl. CD „Like a pharao")
60 Seiten, Broschur
ISBN 3-900965-19-6

Martin G. Wanko
Ken
Roman
124 Seiten, Engl. Broschur
ISBN 3-900965-23-4

2001
Eine Science Fiction-Anthologie
Hrsg. von Werner Schandor
84 Seiten, Broschur
ISBN 3-900965-21-8

Stephen Kuusisto
The emptiness between stars
Gedichte/Poems
Übersetzt von Lilian Faschinger
Sonderausgabe in Englisch und Deutsch,
jeweils in Schwarz- und Brailledruck
158 Seiten, kartoniert
ISBN 3-900965-24-2